AK Trivia Book No. 3

도해
메이드

図解 maid

이케가미 료타 저

KB063932

# 요즘 일본에서는 메이드 열풍이 불고 있다고 합니다. 전국 적으로

메이드 카페가 생겨났고 최근에는 공중파 뉴스에서도 언급이 될 정도입니다. 애니메이션과 만화는 물론이고 게임, 소설 등 다양한 장르에서도 메이드라는 단어를 접할 수 있습니다.

그러나 이런 식으로 범람하고 있는 메이드의 이미지 대부분은 현실 세계에 실제로 존재하는 메이드와는 조금 다릅니다. 우선 메이드는 부잣집에만 있는 매우 희귀한 존재가 아니었습니다. 일본에서는 낯설게 느껴지고 비현실적인 존재로 여겨지는 메이드도 해외에서는 흔하고 어떤 시대에서는 요즘의 이른바 샐러리맨처럼 일반적인 직업이었습니다. 메이드라고 뭉뚱그려 말은 하지만 자세히 들여다보면 역할에 따라 종류도 아주 다양합니다.

이 책에서는 이러한 메이드, 즉 사용인의 생활 환경과 주변 사람들에 대해 다루고 있습니다. 주로 18세기부터 19세기의 영국을 중심으로 다루고 있는데 여기에는 나름대로 이유가 있습니다.

본문에서 자세히 다루겠지만 현재 우리가 알고 있는 「메이드」가 바로 19세기 영국에서 등장했기 때문입니다. 본서에서는 그 이전의 사용인은 어떠한 존재였는지 현대적 「메이드」의 개념이 생기기 바로 직전인 16세기 영국에서 메이드가 사라지기 시작한 20세기 초 영국까지, 그리고 「메이드」가 가장 많았던 「빅토리아 왕조」 시대에 대해서 다룰 것입니다. 이미 개인적으로 연구를 많이 해서 메이드에 대해서라면 아주 잘 알고 있는 독자 분들도 계실 것이며 이 책에서 주로 다루고 있는 빅토리아 왕조에 대해 전문적인 지식을 가지고 있는 독자 분들도 계실 것입니다. 그런 분들은 편안하게 「답이나 맞춰 볼까」라는 기분으로 읽어 주시기 바랍니다.

이케가미 료타

# 목 차

# 제 1 장
# 메이드의 성립과
# 그 시대 배경

# 메이드의 정의

각종 서브 컬처 작품들을 통해 범람하고 있는 너무나 다양한 메이드의 이미지. 그렇다면 실제의 메이드는 어떤 존재였을까?

## ● 「메이드」란 단어의 의미

「메이드」란 단어를 들었을 때 우리들이 떠올리는 이미지는 참으로 다양하다. 그러나 그런 이미지들은 어디까지나 픽션 세계에서나 존재하는 것이며 실존하는 메이드와는 상당히 거리가 멀다. 「메이드」가 실제로 존재했던 서양에서는 「메이드」라는 단어는 보다 현실적이며 사람들에게 친숙한 느낌을 주는 것 같다.

영어에서 「maid」라는 단어에는 두 가지 의미가 있다. 첫째는 「여성 사용인, 가정부」라는 의미이며 또 하나는 「여자 아이, 처녀」라는 의미다. 원래 「남성의 친척」, 혹은 「젊은이」를 의미하는 「mæg」에 「여성」의 의미를 가진 추상적 명사 어미인 「ð」를 더해 「mægð」라는 단어가 만들어졌으며 고대 영어에서는 「딸, 특히 가사나 농사일을 돕는 여자 아이」, 혹은 「여자들」이라는 의미로 사용되고 있었다. 현재 처녀를 의미하는 「maiden」은 「maid」에 애정을 담아 애칭 같은 말투로 만들기 위해 「-en」을 붙인 것인데, 중기 영어에서는 「mayde」, 혹은 「maide」라고 표기된 적도 있었다고 한다.

한편 일본에서는 가사 사용인을 「메이드」라 부르는데 영어로는 「house servant」, 「household servant」, 「domestic servant」라고 한다. 당연히 이러한 표현은 모든 가사 사용인에 대한 총칭으로 여성 사용인에만 국한해서 사용하는 말은 아니다. 여성 사용인만을 가리키는 말로는 「maid servant」가 있다. 아마도 사용인을 의미하는 「servant」에 「여자들」이라는 의미인 「maid」를 합성한 말일 것이다. 그리고 이 말에서 「servant」가 탈락하고 「maid」는 여성 사용인이라는 개념이 생겼다고 생각하는 것이 타당할 것이다.

## 메이드라는 단어의 성립

## 메이드가 사용인이란 의미를 가지게 된 경위

# 사용인의 기원

중세 영국에는 주로 왕후 귀족들을 모시던 사용인들이 많았다. 현재의 사용인의 원형 또한 그 속에 숨어 있었다.

## ● 왕후 귀족들을 모시는 사용인들

현재 우리들이 알고 있는 사용인의 이미지가 언제부터 존재했었는지 단정짓기는 매우 어렵다. 적어도 중세 영국에서는 두 종류의 사용인, 즉 「대접을 잘 받는 사용인과 학대를 받는 사용인」 이 있었다. 양쪽 모두 지금 우리가 알고 있는 사용인과는 상당히 달랐다. 「대접을 잘 받는 사용인」 은 고용주와 같은 계층의 출신자가 대부분으로 그 목적도 어디까지나 사회 공부의 일환이라는 성격이 강했다. 어떨 때는 귀족 자제의 사설 군대에서 일을 하기도 했던 것 같다. 한편 「학대를 받는 사용인」 은 노예나 다름없었다. 법적으로 신분이 보장되지 않으며 농업을 포함해 여러 가지 노동을 해야만 했던, 농업 고용인(농노)라고 할 수 있었다. 당시 노동자 계층의 사람들이 식사와 안정된 생활을 보장받을 수 있는 직업이라고는 귀족의 저택에서 고용되는 것뿐이었다.

요즘 많이 알려진 사용인의 역할이 자료에 조금씩 나타나는 것은 16~17세기경의 일로, 이 시기에는 상류 계층 자제를 사용인으로 고용하는 일도 줄었다. 그 이전에는 많지 않았지만 여성 사용인의 수도 늘어나기 시작했다. 1667년에 출판된 『하녀 업무 대백과』에는 **육아 메이드**Nursemaid, **세탁 메이드**Laundrymaid 등 요즘 여성 사용인의 형태가 처음으로 게재되어 있다. 그러나 사용인에 대한 대우는 이전과 다름이 없었으며 오히려 학대가 그렇게 심하지 않으면 법적으로 인정까지 했다. 또한 복장 재질을 규제하는 법이 시행되어 복장으로 신분을 명확하게 나타내고자 했던 것 같다. 그러나 이 법령은 엄격하게 지켜지지는 않았고 제복을 제공받는 사용인 이외에는 비교적 복장이 자유로웠던 것 같다.

## 중세의 사용인

**사용인**

### 대접을 잘 받는 사용인

좋은 집 자녀

귀족으로서의 생활 습관과 예의범절을 익히기 위한 사회 공부의 일환

출신 계층이 높으므로 당연히 좋은 대접을 받는다.

### 학대를 받는 사용인

출신 계층이 다양하다.

제대로 된 집과 식생활 등을 제공받아 안정된 생활을 영위

심한 대접을 받는 경우가 많다.

## 16~17세기의 사용인과 변화

**좋은 집 자제**

실업계, 전문직으로 유입. 사용인으로서는 감소하는 경향이 있었다.

**좋은 집 여성**

잔심부름 등의 일을 하며 여전히 활약한다.

**남성 사용인**

특별히 큰 변화는 없다.

**사용인**

**여성 사용인**

남성이 할 수 없는 일을 하기 위해서 인원수를 늘렸다.

사용인에 대한 대우 자체는 이전 시대와 다름없다. 식사와 옷만 지급되고 급여를 안 주는 일도 허다했다.

---

관련항목

●상류 계층 → No.014
●노동자 계층→No.016

●여성 잡지와 매뉴얼의 유행→No.035
●메이드와 범죄 1→No.100

# 사용인의 전성기

산업혁명과 그 외의 대외 정책으로 번영을 누린 18~19세기. 영국은 사용인의 전성기라 할 수 있는 시대를 맞이했다.

## ● 사용인의 번성

18세기에 들어서자 영국의 사용인 제도는 제대로 된 형태를 갖추었다.

**집안 관리인**House steward이나 **가정부**Housekeeper를 두게 된 시기도 이 때부터다. 또한 **중류 계층**이 힘을 가지게 된 시기이자 사용인을 고용하는 계층이 점점 더 늘어나기 시작한 시기이기도 하다. 사용인에 대한 대우도 이전과 비교하면 상당히 좋아졌으며 반대로 질이 나쁜 사용인에게 고초를 겪는 고용주까지 생겼다. 그러나 이러한 흐름에 찬물을 끼얹는 사건이 일어났다. 1777년 미국 독립 전쟁의 전쟁 비용을 차출하기 위해서 남성 사용인 보유가 과세 대상이 되었던 것이다. 1785년에는 사용인에 대한 과세가 더욱 엄격해져서 여성 사용인까지 과세 대상이 되었다. 사용인을 고용하고 있는 계층의 심한 반발로 여성 사용인에 대한 과세는 철폐되었지만 여전히 남성 사용인에 대한 과세는 19세기까지 계속돼 큰 영향을 미쳤다.

한편 19세기의 영국은 그야말로 사용인 전성기 시대였다고 할 수 있다. 이전 세기부터 계속된 산업혁명과 대외 교역의 영향으로 사용인을 고용하는 계층이 더 늘어났던 것이다. 아마도 당시 사용인의 수가 역사상 가장 많았을 것이다. 가까스로 유지했던 농업 고용인이 거의 자취를 감추면서 사용인의 역할은 가사 분야로 한정되었다. 남성 사용인 자체도 많이 줄어 사용인 대부분은 여성, 즉 메이드들로 구성되기에 이르렀다. 또한 현대의 메이드 이미지를 만든 제복이 등장한 것도 바로 19세기였다. 그러나 19세기는 사용인들에게 있어서 힘든 시대이기도 했다. 사용인 고용 계층과 사용인의 사회적 지위 차이가 좁아지자, 사용인들을 학대해 보다 강한 제재를 취하려고 하는 풍조가 생겨났다.

## 18~19세기 초의 사용인과 그 변화

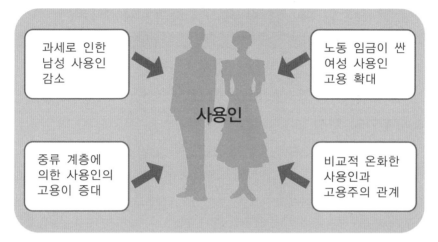

과세로 인한
남성 사용인
감소

노동 임금이 싼
여성 사용인
고용 확대

사용인

중류 계층에
의한 사용인의
고용이 증대

비교적 온화한
사용인과
고용주의 관계

## 빅토리아 왕조 시대의 사용인

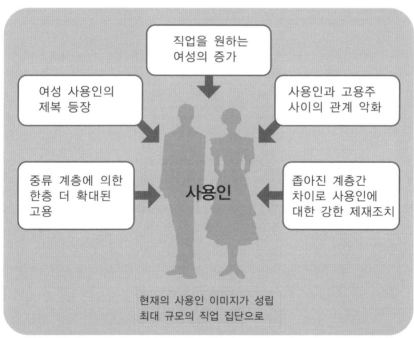

직업을 원하는
여성의 증가

여성 사용인의
제복 등장

사용인과 고용주
사이의 관계 악화

중류 계층에 의한
한층 더 확대된
고용

사용인

좁아진 계층간
차이로 사용인에
대한 강한 제재조치

현재의 사용인 이미지가 성립
최대 규모의 직업 집단으로

# 가정 환경의 변화와 사용인의 쇠퇴

빅토리아 왕조 시대의 생활을 다방면에서 지원한 사용인들. 그러나 시대의 흐름은 더 이상 막을 수 없었다.

## ● 사용인의 번성

19세기 말부터 20세기 초에 걸쳐서 영국에서는 사용인 제도가 서서히 내리막길을 걷기 시작했다. 공장 노동자, 간호부, 점원, 버스 차장과 같이 여성들이 할 수 있는 직업이 늘어났기 때문에 제약이 많은 가사 사용인이 되려는 여성이 줄어들기 시작했다. 게다가 사용인이라는 직업의 지위 자체가 사회적으로 낮아지게 됐기 때문에 지원하는 이들도 점점 더 적어졌다. 그러나 사용인에 대한 사회적 수요는 계속 증가해 사용인 고용 계층은 좋은 사용인을 고용하기 위해서 분주해졌다. 사용인 양성 학교 설립, 외국인 사용인 고용, 노동 조건 완화 등 다양한 대책이 세워졌지만 결국에는 입주 사용인들도 자취를 감추게 되었다. 또한 제1차 세계대전과 제2차 세계대전을 계기로 최대 사용인 고용 계층이었던 **귀족**들이 몰락한 것도 사용인 제도 붕괴의 한 원인이라고 할 수 있다. 큰 저택을 관리하기 위해서 고용된 다수의 사용인이 원활하게 일을 하기 위해서는 엄격한 서열과 자세한 업무 구분이 꼭 필요했다.

지금까지 알려진 메이드의 업무는 모두가 그러한 제도 속에서 생긴 것이다. 그러나 귀족의 몰락으로 사용인을 대량 고용하는 계층이 크게 줄었다. 그 때문에 사용인의 역할 구분은 점점 더 과거의 유물이 되었다. 결국 전자 제품의 등장으로 라이프 스타일에 큰 변화가 생겼다는 점과 영국의 경제 상황이 악화된 것이 사용인 제도에 제동을 걸었다. 그렇다고 사용인 자체가 사라진 것은 아니다. 요즘도 아주 제한된 계층에서 **집사**Butler, **가정부** Housekeeper, 여성 사용인을 고용하고 있으며 맞벌이 부부를 위해서 **전문 보모**Nanny도 활동을 하고 있다.

## 19세기말~20세기에 걸친 쇠퇴기

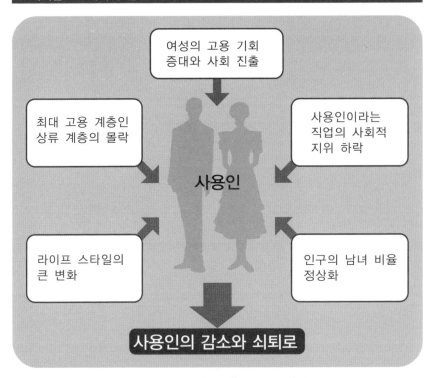

여성의 고용 기회 증대와 사회 진출

최대 고용 계층인 상류 계층의 몰락

사용인이라는 직업의 사회적 지위 하락

사용인

라이프 스타일의 큰 변화

인구의 남녀 비율 정상화

사용인의 감소와 쇠퇴로

## 쇠퇴기 이후의 사용인에 대한 대우

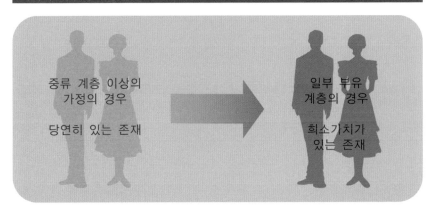

중류 계층 이상의 가정의 경우

당연히 있는 존재

일부 부유 계층의 경우

희소가치가 있는 존재

# 사용인의 필요성

역사를 살펴보면 사용인을 고용한 이유에는 여러 가지가 있었다. 여기에서는 빅토리아 왕조 시대에 왜 사용인들이 필요했는지 그 이유에 대해서 알아본다.

## ● 사용인이 필요했던 여러 가지 이유

19세기 유럽에서는 왜 이토록 가사 사용인이 필요했을까? 여기에는 몇 가지 이유가 있다.

우선 부유 계층 사람들이 좀 더 편리한 생활을 누리기 위해서다. 이것이 그 이전 세기에서 계속 이어져온 사용인 계층의 존재 이유일 것이다. 생활에 필요한 일을 기계가 대신해 주는 현대와는 달리 당시만 해도 불편한 일이 많았다. 특히 **상류 계층**의 사치스러운 생활을 유지하기 위해서는 누군가가 뒤에서 그런 거추장스러운 일들을 처리해 줘야만 했다. 다음 이유는 **중류 계층**의 생활 수준 향상과 사회적 풍조의 변화이다. 18세기부터 계속되던 시민혁명과 산업혁명의 파도, 그리고 대규모 해외 무역으로 중류 계층 사람들은 큰 이익을 얻었다. 그러한 흐름 속에서 소득이 늘어나고 생활이 안정되자 중류 계층은 제일 먼저 상류 계층의 라이프 스타일을 따라 하기 시작했다. 식생활, 레저, 패션, 교육 등 다양한 분야를 모방했는데 그 중에는 당연히 사용인의 고용이라는 항목도 포함되어 있었다. 사용인의 고용이 사회적 지위의 지표로 여겨지자, 사용인을 원하는 사람들이 훨씬 더 늘어났다. 결국 **노동자 계층** 사람들까지 입주 사용인을 고용하게 되었다. 이러한 현상 때문에 19세기 유럽에서는 사용인 인구가 대폭 증가했다. 마지막 이유로 당시 유럽의 이상적인 여성상을 들 수 있다. 당시 유럽에서는, 남성은 사회에 나가서 일을 하고 여성은 가정을 지킨다는 생각이 확고했다. 게다가 여성은 손을 더럽히지 않고 시간적 여유가 넘치다 못해 주체 못하는 것이 이상적이라고 여겨졌다. 이러한 이상적인 여성상을 유지하기 위해서는 가사일을 대신 해 줄 사람이 필요했다.

## 사용인을 고용한 이유

### 19세기 유럽

## 가사 사용인이 이토록
## 필요했던 이유는?

---

### 생활하는데 필요했기 때문에

요즘처럼 전자 제품 등이 없었던 당시 사회에서 가사 일은 상당히 힘든 노동이었다. 특히 집이 크면 그만큼 사람 손이 많이 필요했다.

---

### 사회적인 지위 때문에

사용인의 고용은 노동자 계층과 그 이상을 구분하는 사회적 지표 중 하나였다. 또한 고용하는 사용인의 수 자체도 지위로써 중요한 기준이었다고 한다.

---

### 여유로운 여성의 모습을 연출하기 위해서

당시 상류 계층의 여성은 일을 해서는 안 된다. 즉 아무 것도 하지 말아야 한다. 여성들의 그러한 생활을 유지하기 위해서도 사용인의 고용은 필요했다.

---

관련항목

● 상류 계층→No.014
● 중류 계층→No.015
● 노동자 계층→No.016

# 가사 사용인이 된 사람들

사용인의 수요가 크게 늘어난 빅토리아 왕조. 다양한 사람들이 여러 가지 이유로 사용인이라는 직업을 선택했다.

## ● 다양한 이유

빅토리아 왕조에서 사용인으로 일하는 사람들의 대부분은 사회적 계층으로 보면 최하위층에 속한다. 호화로운 의상을 차려 입고 거만한 태도로 지내고 싶어서 **하인**<sup>Footman</sup>이 되고 싶어 하는 젊은이도 있지만 집이 가난해서 가족들을 먹여 살리기 위해서 어릴 때부터 하녀로 팔려가는 소녀도 있었다. 아일랜드, 벨기에 등지에서 온 이민자들이 사용인이 된 사례도 적지 않다. 아무 것도 가진 것 없이 외국으로 온 사람들에게 입주 사용인은 여러모로 좋은 직업이었다.

그러나 사용인이라는 직업은 「남아 도는 여성들」이 선택하는 직업이었던 것 같다. 당시 여성들은 경제적으로 자립하는 것은 생각도 못하고 아버지에게 의지하다가 머지 않아 만날 남편에게 맡겨진다고 생각했다. 여성의 재산권이 결혼과 동시에 남편에게 넘어간다고 법률로도 정해져 있을 정도니 당시 여성의 사회적 지위가 얼만큼 낮았는지 충분히 상상이 된다. 그런데 19세기가 되면서 이러한 흐름이 엉망진창이 된다. 왜냐하면 전쟁으로 남성 인구가 감소하고 결혼이 늦어져 여성들이 자신을 부양해줄 남편감을 찾지 못하게 되고 스스로 일을 해야 하기 때문이었다. 19세기 후반 이전의 영국에서는 여성이 할 만한 일자리가 몇 종류 되지 않았다. 서민 여성이라면 침모(바늘질일), 여성 사용인, 행상 아니면 탄광 노동자와 같은 최하층 직업이라도 받아들였지만 **상류 계층** 여성은 기껏해야 **여자 가정교사**<sup>Governess</sup> 정도 밖에 없었다고 한다. **중류 계층**이 번성하면서 여성들은 사용인으로서 취직할 수 있게 되었다. 하지만 너무 다양한 사람들이 사용인이 되었기 때문에 직업으로서의 사용인의 질은 이 시대 이후 점점 떨어진다. 그리고 그러한 현상을 안타까워하는 고용주들도 많았다.

## 사용인이 된 주요 사람들

**아일랜드 등지에서 온 이민자**

영국 국내에 의지할 데가 없기 때문에 입주할 수 있는 직장을 원한다. 과거 이력이 확실치 않기 때문에 사람들이 꺼려하는 경우가 많다.

**프랑스인 등의 외국인**

직속 시녀나 요리장 등의 전문직이 많다. 기본적으로 높은 사회적 신분의 상징이므로 급여가 높다.

**빈민수용시설 등의 출신자**

빈민수용시설이나 교정시설에서 교육받은 소년소녀. 낮은 급여로 부려먹히는 일이 많다. 유복한 가정에서는 되도록 고용하지 않았다.

**시골에서 올라온 소년, 소녀**

입을 하나라도 줄이기 위해서 도시로 나온 젊은이들. 도시 출신의 젊은이보다 근면하고 쉽게 부릴 수 있다고 여겼다.

**일을 할 수밖에 없었던 여성**

중류 계층 이상의 출신. 당시만 해도 세상에 인정받을 수 있는 직업은 여자 가정교사나 상류 계층 부인들의 이야기 상대 정도밖에 없었다.

**직업을 원하는 도시 사람들**

도시에는 사용인 이외에도 다양한 직업도 많으므로 사용인이 되려는 도시 사람들은 그리 많지 않았다. 또한 시골 젊은이보다도 다루기가 힘들어서 별로 인기가 없었다.

**사용인**

## 일을 해야 하는 여성이 늘어난 이유

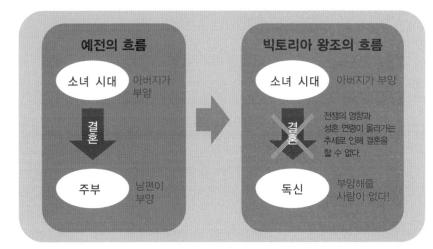

**예전의 흐름**

소녀 시대 — 아버지가 부양

결혼

주부 — 남편이 부양

**빅토리아 왕조의 흐름**

소녀 시대 — 아버지가 부양

결혼 — 전쟁의 영향과 성혼 연령이 올라가는 추세로 인해 결혼을 할 수 없다.

독신 — 부양해줄 사람이 없다!

# 가사 사용인의 주요 고용주

사용인의 고용이 신분을 나누는 조건이었던 빅토리아 왕조 시대. 고용주들의 직업도 다양했다고 한다.

## ● 다양한 이유

빅토리아 왕조 시대에서는 조금이라도 수입에 여유가 있는 사람들은 모두 사용인을 고용하려고 했다. 사용인의 고용 여부가 사회적 계층을 나누는 하나의 기준이 되었기 때문이다. 그렇지만 수입에는 큰 차이가 있으며 고용한 사용자의 수에도 큰 차이가 있었다고 한다. 『비튼 부인의 가정서Mrs Beeton's Book of Household Management』나 예전에 사용인으로 일했던 애덤스 부부가 쓴 『하인 대백과』 같은 지침서에는 수입별로 나눠 고용된 사용인 수를 기록해 놨으며 당시 사람들이 이 문제에 얼마나 큰 관심을 가지고 있었는지 알 수 있다. 사용인 고용 계층의 상위에는 우선 **상류 계층** 사람들이 있다. 그들은 다른 사용인 고용 계층과는 동떨어진 존재이며 대부분의 경우 100명이 넘는 사용인을 한 번에 고용했었다. 유지 비용이 어마어마했지만 상류 계층에는 그 정도의 경제력이 있었다. 그 다음이 의사, 변호사, 목사, 은행 경영자, **기업가**처럼 비교적 수입이 많은 사람들이다. 이들은 적어도 사용인을 세 명 이상 고용했었다. 이 세 명의 역할에 대해서는 여러 설이 있지만 기본적으로 **요리사**Cook, **하녀**House maid, **접객 하녀**Parlour maid가 있었다고 한다. 만약 아이가 있는 가정이라면 여기에 **보모**Nurse maid가 추가되었다. 당시 가정이 최소한의 기능을 하기 위해서 이정도 사용인은 필요 조건으로 여겨졌었다. 이보다 아래의 사용인 고용 계층의 직업을 보면 교사, 여관 경영자, 식료품 잡화상, 배관공, 과자 가게, 술집 점주, 농가 등 온갖 업종의 사람들이 여기에 해당된다. 게다가 이들 가정이 전부 충분히 필요한 사용인을 고용할 수 있었던 것이 아니라 **잡역부**Maid of all works를 한 명 고용하는 것이 그나마 최선이었다. 또한 상점 경영자나 농가 등에서는 사용인에게 장사를 돕도록 시키는 경우도 많았다고 한다.

## 주요 사용인 고용 계층

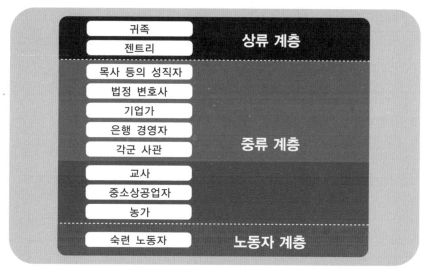

| | |
|---|---|
| 귀족 | **상류 계층** |
| 젠트리 | |
| 목사 등의 성직자 | |
| 법정 변호사 | |
| 기업가 | **중류 계층** |
| 은행 경영자 | |
| 각군 사관 | |
| 교사 | |
| 중소상공업자 | |
| 농가 | |
| 숙련 노동자 | **노동자 계층** |

## 수입별 고용 사용인 일람

| 고용주의 수입 | 주로 고용되어 있던 사용인 |
|---|---|
| 1,000파운드 이상 | 최저 10명 이상의 사용자 집단 |
| 700파운드 ⁀ 1,000파운드 | 집사 또는 제복을 입지 않은 하인<br>마부 혹은 말구종<br>시녀<br>요리사 혹은 요리 가능한 하녀<br>보모<br>하녀 |
| 500파운드 ⁀ 700파운드 | 하인 혹은 식사 담당 하녀<br>요리사 혹은 요리 가능한 하녀<br>보모<br>시녀 |
| 250~500파운드 | 보모<br>잡역부 |
| 150~250파운드 | 잡역부 혹은 일일 청소부 |

관련항목

- ●상류 계층→No.014
- ●요리사→No.044
- ●집 담당 하녀→No.047
- ●주방 담당 하녀→No.048
- ●보모 담당 하녀→No.049
- ●기업가→No.090
- ●『비튼 부인의 가정서』→ No.105

# 빅토리아 왕조란

많은 사람들을 불러 모은 빅토리아 왕조 시대. 이 시대는 번영과 빈곤이 얽히고 설킨 혼미한 세상이었다.

## ● 빅토리아 왕조 시대와 사용인과의 관계

가사 사용인 특히 현재의 메이드에 대해서 알고 싶다면 빅토리아 왕조의 영국을 중심으로 생각해야 한다. 다른 나라나 다른 시대에 사용인이 없었던 것은 아니지만 메이드가 입은 제복이나 사용인의 분류, 현대에 남아 있는 사용인들의 이미지 등은 대부분이 당시 영국에서 시작되었다. 특히 사용인에 대한 자료가 풍부하다는 것도 큰 이유 중 하나일 것이다. 빅토리아 왕조의 영국에서 사용인은 거의 최대 규모의 직업 인구를 자랑하는 직업이었다. 특히 일하는 여성의 대부분이 사용인이었다고 한다. 그래서 영국에는 지금도 사용인에 관한 자료가 많이 남아 있으며, 또한 1970년부터 방영했던 드라마 『계단 위와 계단 아래Upstairs, Downstairs』의 영향도 컸다. 이러한 유행으로 폭넓은 계층의 사람들이 자신들의 선조가 일했던 직업에 흥미를 갖게 되었으며 여러 가지 연구서와 관련 서적이 많이 발매되었다. 그러면 실제로 빅토리아 왕조는 어떤 시대였을까? 역사적으로 빅토리아 왕조는 1837년에 당시 18세였던 빅토리아 여왕이 즉위하고 나서 1901년에 승하할 때까지의 64년의 재위 기간을 가리킨다. 이 시대는 이전 세기부터 계속 산업혁명과 식민지로부터의 착취로 역사상 그 예를 찾아 볼 수 없을 정도의 번영을 누렸지만 한편으로 국내외적으로 여러 가지 문제를 안고 있던 시대이기도 했다. 또한 시류를 타고 힘을 얻은 **중류 계층**이 있는가 하면 빈부 격차가 현격하게 커져서 노동자 운동이 활발해졌다. 환경 오염도 심각해서 여러 가지 건강 관련 피해가 속출했던 것 같다. 국외로는 중국과의 전쟁, 인도에서의 반란 등 여전히 전쟁의 불씨가 남아 있었다. 빅토리아 왕조는 번영이라는 눈부신 햇살 아래에 깊은 어둠을 가지고 있던 시대였다.

## 빅토리아 왕조와 메이드의 관계

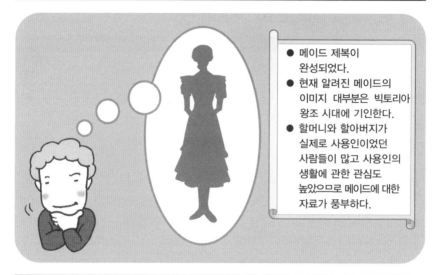

- 메이드 제복이 완성되었다.
- 현재 알려진 메이드의 이미지 대부분은 빅토리아 왕조 시대에 기인한다.
- 할머니와 할아버지가 실제로 사용인이었던 사람들이 많고 사용인의 생활에 관한 관심도 높았으므로 메이드에 대한 자료가 풍부하다.

## 빅토리아 왕조의 빛과 어둠

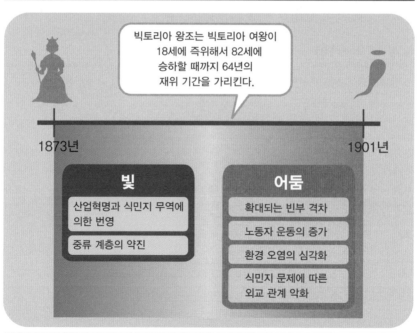

빅토리아 왕조는 빅토리아 여왕이 18세에 즉위해서 82세에 승하할 때까지 64년의 재위 기간을 가리킨다.

1873년      1901년

| 빛 | 어둠 |
|---|---|
| 산업혁명과 식민지 무역에 의한 번영 | 확대되는 빈부 격차 |
| 중류 계층의 약진 | 노동자 운동의 증가 |
| | 환경 오염의 심각화 |
| | 식민지 문제에 따른 외교 관계 악화 |

관련항목

- 빅토리아 왕조의 사회상→No.009
- 메이드 제복의 성립→No.053

# 빅토리아 왕조의 사회상

영국이 미증유의 발전을 이룩한 빅토리아 왕조. 새로운 가치관과 문화가 탄생하면서 동시에 사회적인 문제도 많이 생겨났다.

## ● 번영하는 대영 제국

다른 나라보다 먼저 시작된 공업화와 식민지 확대로 당시 영국은 미증유의 번영을 구가했었다. 사람들은 진보를 최고의 가치로 믿고 명확한 사상이야말로 사회를 발전시킨다고 생각했었다. 1851년에 있었던 런던 만국 박람회는 이러한 사상의 상징이었다고 해야 할 것이다. 앨버트 대공이 적극적으로 추진했던 런던 만국 박람회는 높은 수준의 공업력, 전국으로 뻗어 있던 철도망과 매스 미디어의 발달, 그리고 거액의 기부에 응한 상류~**중류 계층** 없이는 성공할 수 없었다. 식품세와 노동 시간이 경감되고 중류 계층이 약진했다는 것도 이 시대의 특징 중 하나다. 그들 중에는 경제적인 성공을 거둔 사람도 많았고 그런 힘을 가진 중류 계층은 여가와 유행을 구가하고 자신들의 아이들에 대한 교육에 열중했다.

## ● 번영의 이면

한편으로 이러한 번영을 누리지 못하는 사람들도 많았다. 산업 혁명의 여파를 받아 인구는 급속하게 늘어났지만 「여왕은 두 부류의 국민을 통치하고 있다」는 빈정거림을 당할 정도로 빈부의 격차가 심했다. 당시 영국에서 이 두 부류의 계층은 전혀 교류가 없었다고 한다. 게다가 공업 폐수 및 생활 하수로 인한 하천의 오염, 도시 위생 환경의 열악함, 지극히 피상적이며 몰이해로 가득한 빈민 구제 조치는 빈민들을 한층 더 힘들게 했다. 도덕적인 면에서도 빅토리아 왕조는 두 개의 얼굴을 가지고 있었다. 당시 사람들, 특히 **상류 계층**은 심하다 싶을 정도로 도덕심이 투철했지만 당시만큼 범죄와공포, 그 외의 음란한 행위가 사람들에게 인기가 있었던 시대도 없었다.

빅토리아 왕조의 사회상

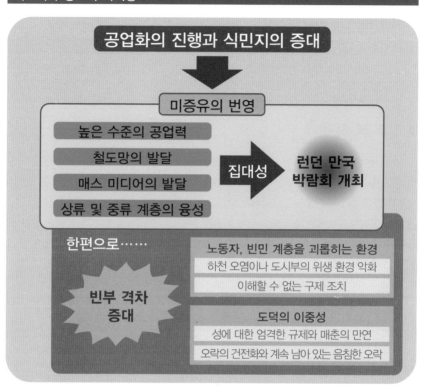

##  런던 만국 박람회

런던 공문서관의 관장 보좌를 역임하고 있던 헨리 콜의 제안으로 1851년에 런던 만국 박람회가 하이드 파크에 세워진 수정궁에서 개최되었다. 빅토리아 여왕의 남편인 앨버트 대공에 의해 진행되어온 런던 만국 박람회의 개최는 영국에게 몇 가지 중요한 의미를 가지고 있었다.

첫째는 이 만국 박람회의 성공이 영국의 국력을 세계에 알리는 계기가 되었으며 영국의 내셔널리즘에 공헌했다. 둘째는 비교적 싼 입장료가 대중 관광을 독려했다. 셋째는 대량의 전시물이 대중을 자극하여 소비 문화를 촉진시켰다. 즉 런던 만국 박람회는 그 후 빅토리아 왕조의 번영의 상징 그 자체였다.

관련항목
● 당시의 중대 사건→No.013
● 중류 계층→No.015
● 메이드와 범죄4 →No.103

# 기아의 40년대

그 이름대로 암흑의 시대라고 생각하기 쉬운 1840년대. 그러나 그것은 그 후의 약진을 위한 준비 기간이었다.

## ● 철도의 시대

빅토리아 여왕의 성혼으로 시작된 1840년대는 일반적으로 「기아의 40년대」라고 불리우는 경우가 많다. 그러나 그 반면, 훗날의 번영을 지탱하는 여러 가지가 발전한 시대이기도 했다. 그 가운데 먼저 언급되어야 할 것이라면 철도망의 발달과 그 대중화일 것이다. 1830년에 맨체스터에서 리버풀 사이에 개통한 철도의 성공은 철도 투자 열풍을 낳았다. 이로 인해 1840년대에는 거의 영국 전국에 걸친 철도망이 완성되었다. 이 철도망은 여러 가지 산업, 특히 공업의 발달을 크게 촉진시켰으며 산업혁명의 발판이 되었다.

매스컴이 힘을 가지게 된 시기도 1840년대이다. 철도망의 발달로 정보 전달이 고속화되었으며 잡지 『펀치Punch』를 비롯한 다양한 잡지가 간행되어 사람들에게 큰 영향을 주게 되었다.

## ● 영국 사회를 갉아먹는 빈부 격차

그렇지만 「기아의 40년대」라는 이름이 괜히 붙여진 것은 아니었다. 곡물의 자유 무역을 금지하는 「곡물법Corn Law」을 철폐하게 만든 아일랜드의 대기근은 많은 아일랜드인을 미국으로 이주하도록 만드는 계기가 되었으며 산업혁명에 의한 도시부로의 인구 집중은 심각한 빈부 격차를 낳았다. 게다가 계층에 따른 주거 형태 분할에 박차를 가했으며 그로 인해 빈민들이 모여 사는 슬럼가의 환경은 급속하게 악화되었다.

또한 극심한 계급 투쟁 발생도 이 시대의 특징이다. **노동자 계층**의 「차티스트 운동Chartism」에 대항하기 위해서 웰링턴 공작이 1만 200명의 지원병을 런던으로 불러 모으는 등 상류 계층과 노동자 계층 양측 간의 감정의 골은 더욱 깊어졌다.

| 연대 | 사 항 |
|------|------|
| 1837년 | 빅토리아 여왕 즉위 |
|  | 천연두 대유행 |
| 1838년 | 노예제도 폐지 |
|  | 인민헌장 공표 |
|  | 차티스트 운동 시작 |
| 1839년 | 런던에서 반곡물법 동맹 결성 |
|  | 제1회 차티스트 청원 부결 |
| 1840년 | 빅토리아 여왕, 앨버트 전하와 결혼 |
|  | 아편 전쟁 발발 |
|  | 제2회 차티스트 청원 부결 |
|  | 1페니 우편 제도 시작 |
| 1840년 | 런던에서의 노예 무역 금지법을 결정 |
|  | 『펀치』 창간 |
| 1844년 | 철도에 대한 투자 열풍 격화, 런던 전역에 철도가 깔림. |
| 1845년 | 아일랜드에서 감자 기근 발생. |
|  | 대량 이민을 낳는 결과로 |
| 1846년 | 곡물법 철폐 |
| 1846년 | 10시간 노동법 성립 |
|  | 과잉생산공황 |
| 1848년 | 콜레라 대발생 |
|  | 공중보험법 |
|  | 제3회 차티스트 청원 부결 |
|  | 차티스트에 의한 마지막 시위운동. 웰링턴 공작이 |
|  | 지원병을 런던으로 소집 |
| 1848년 | 항해법 폐지 |

## ❖ 차티스트 운동과 웰링턴 공작

자티스트 운동이란 노동자 계층이 「인민헌장」을 주장한 운동이다. 결국 이 운동은 정치적으로 큰 성과를 올리지는 못했지만 일부 상류 계층은 그들을 위험하게 여기게 되었다. 워털루 전투의 영웅, 웰링턴 공작도 그 중 한 명으로 1848년에 차티스트 운동의 마지막 대규모 데모 때 사설 군대를 이끌고 런던의 데모대를 진압하러 간다. 무력 충돌은 일어나지 않았지만 이 사건은 상류 계층과 노동자 계층 양측 간의 깊은 감정의 골을 상징하는 것이 되었다.

관련항목

● 빅토리아 왕조란→No.008          ● 여성용 잡지와 지침서의 유행→No.035

# 런던 만국 박람회와 번영의 시대

런던 만국 박람회 개최로 시작된 대번영의 시대. 중류 계층과 노동자 계층의 약진은 1850년~1860년대를 바탕으로 시작되었다.

## ● 중류 계층의 젠틀맨화

런던 만국 박람회부터 시작된 1850년~1860년대는 영국이 「세계의 공장」으로서 세계 경제에 군림하고 자유 무역 네트워크가 확립된 시대였다. 또한 **중류 계층**이 번영과 부의 축척으로 사회에서의 경제적 파워가 강해진 시대이기도 했다. 하지만 정치적 실권은 여전히 **상류 계층**이 쥐고 있었다. 농업법 철폐가 상류 계층의 부에 영향을 준 것은 훨씬 뒤의 일이고 공업화의 영향으로 토지 가격이 폭등하여 오히려 상류 계층의 경제적 기반과 발언력이 더욱 커졌다. 게다가 당시의 사회적 가치관으로서 「젠틀맨의 이념」이 있었던 것도 잊지 말아야 한다. 공업화로 성공을 거둔 중류 계층도 상류 계층의 이념과 가치관, 예의범절을 익히지 않으면 존경을 받을 수 없었다. 그래서 그들은 자식들의 젠틀맨 교육에 열을 올렸다.

## ● 노동자 계층의 약진

**노동자 계층**의 약진 또한 1850년~1860년대의 특징이다. 실질 임금은 현저하게 상승하였고 상급 노동자 계층을 중심으로 한 상호 부조 조직의 보급으로 생활은 이전에 비해 훨씬 안정되었다. 또한 그들을 대상으로 한 공적 교육이 이루어지게 되었던 것도 이 시대의 특징이라고 할 수 있다. 이로 인해 문자를 읽을 수 있는 사람들이 늘어나고 1855년에는 스탬프세(稅)까지 폐지되어 서민들도 잡지와 신문을 읽을 수 있는 기반이 마련되었다. 자유 무역으로 식재료를 값싸게 구입할 수 있게 되었고 식료세도 인하되어 노동자 계층의 생활은 향상되었다. 차나 커피를 서민들이 마시게 된 것도 1850~1860년대부터였다.

### 런던 만국 박람회부터 번영의 1860년대까지

| 연대 | 사 항 |
|---|---|
| 1850년 | 오스트레일리아의 자치를 승인 |
| | 천연두 대유행 |
| 1851년 | 제1회 만국 박람회 개최 |
| | 창문세 폐지, 상점 등이 큰 창문을 설치하게 되었다. |
| 1852년 | 수도 수도법 성립 |
| 1853년 | 뉴질랜드 자치법 성립 |
| | 콜레라 대유행 |
| | 광고세 폐지 |
| 1854년 | 크림 전쟁 참전 |
| 1855년 | 스탬프세 폐지, 잡지의 대중화가 본격적으로 |
| 1856년 | 크림 전쟁 종결, 파리 조약 체결 |
| | 제2차 아편 전쟁(애로호 사건) 발발 |
| 1857년 | 인도에서 세포이 항쟁이 일어남 |
| 1858년 | 인도법 제정, 인도를 영국 직할지로 |
| 1859년 | 다윈의 『종의 기원』 |
| | 나이팅게일의 『간호사 각서』 |
| 1860년 | 영국 프랑스 통상 조약, 값싼 식료품의 유입 등으로 대외 무역은 전성기로 |
| | 베이징 조약, 중국은 주룽반도의 일부와 11개의 항구를 영국에 개방 |
| | 불순물이 혼입된 식품이 횡행, 식품단속법 성립 |
| 1861년 | 앨버트 대공 서거 |
| | 신문용지에 대한 과세 폐지 |
| | 비튼 부인의 『가정서』 |
| 1862년 | 제2회 런던 만국 박람회 |
| 1863년 | 런던에서 개착식(Cut and Cover) 공법으로 지하철 개통 |
| 1866년 | 대서양 횡단 해저 케이블 완성 |
| 1867년 | 캐나다 자치령 성립 |
| | 모든 공장에 토요일 반일제 도입 |
| 1868년 | 노동조합회의 결성 |
| | 퍼블릭 스쿨법 성립 |
| | 약사법 개정 |

## ❖ 젠틀맨의 이념

빅토리아 왕조 사회에서는 일반 교양을 익히고 소득과 직결된 직업을 가지지 않고 높은 신분에 동반하는 의무를 달성하고 유한 계층의 생활 양식을 실천하지 않으면 젠틀맨으로서 존경 받을 수 없었다. 요컨대 젠틀맨의 지위는 돈만으로 얻을 수 있는 것이 아니었다.

# 대불황 시대

1873년에 들어서 시작된 대불황은 여러 계층에 변화를 가져왔다. 이 변화는 결국 영국 사회 전체를 크게 변화시키기에 이르렀다.

## ● 시련을 겪는 귀족 사회

1873년에 독일에서 시작된 대공황은 번영의 한가운데에 있었던 영국을 직격했다. 이로 인해 경제는 정체기에 돌입하게 되었다. 더욱 나쁜 것은 이러한 대공황은 세계 시장의 구조적인 재편을 가지고 오게 되었다. 미국과 독일의 급속한 공업화는 영국을 능가했으며 값싼 식량 수입으로 계속 고전하던 고도 집약 농업이 드디어 큰 타격을 입게 되었다. 그래서 **상류 계층**과 **중류 계층**의 일부는 영향력을 크게 잃게 되었다. 하지만 빅토리아 왕조 말기까지 이 상황이 계속되지는 않았다. 1882년과 1890년에는 짧지만 호경기 시기도 있었고 **노동자 계층**의 생활 수준 향상과 레저의 대중화 등 문화적으로도 발전을 했다.

## ● 복지국가로 방향 전환

물론 모든 노동자 계층의 사정이 좋아진 것은 아니었다. 오히려 불황의 영향으로 직업을 잃고 살기가 더욱 힘들어진 사람도 적지 않았다. 이러한 상황으로 중류 계층과 노동자 계층에서는 각종 운동이 일어났다. 먼저 중류 계층의 지식인을 중심으로 사회주의 운동이 전개되어 「페이비언 협회Fabian Society」를 비롯한 다양한 단체가 경제 활동과 사회 생활에 대한 국가의 적극적인 개입을 요구했다. 한편 런던을 중심으로 번진 노동자 파업은 임금과 노동 조건의 개선을 국가에게 요구하고 각지에서 큰 성공을 거두었다. 그 외에도 교육, 저널리즘 등 각종 사회 운동이 차례로 일어나 영국의 정치, 사회 체제에 영향을 끼쳤다. 이미 대외적 확대 정책에 한계를 느낀 온 영국은 이후 국내로 눈을 돌려 복지국가로 방향전환을 꾀한다.

## 대불황 시대부터 빅토리아 왕조의 종언까지

| 연대 | 사 항 |
|---|---|
| 1870년 | 아일랜드 토지법 제정 |
| | 초등교육법 제정 |
| 1871년 | 노동조합법 제정 |
| 1873년 | 댄디 리밍턴의 사용인이 처음으로<br>사용인 조합을 결성 |
| 1873년 | 세계 공황, 영국 대불황기에 돌입 |
| 1877년 | 빅토리아 여왕, 인도 황제 선언 |
| 1880년 | 1880년 교육법 제정으로 강제로 취학을 시킴 |
| 1881년 | 제2차 아일랜드 토지법 성립 |
| 1883년 | 사회 민주 연맹 성립 |
| 1884년 | 페이비언 협회 결성 |
| | 제3차 선거법 개정 |
| | 아동학대방지협회 설립 |
| 1885년 | 실업 문제 심각화 |
| 1886년 | 아일랜드 자치법 부결 |
| 1887년 | 식민지 회의 창설 |
| | 제3차 아일랜드 토지법 성립 |
| 1888년 | 이스트엔드에서 연쇄 살인범 잭 더 리퍼 사건 발생 |
| 1890년 | 베어링 공황 |
| | 런던에서 튜브형 지하철 개통 |
| 1891년 | 교육법 성립, 공립 초등학교의 수업료 폐지 |
| | 런던 및 그 주변의 가사 사용인 노동조합 결성 |
| 1893년 | J.K.하디가 독립노동당을 결성 |
| | 탄광 파업 |
| | 제2차 아일랜드 자치법 부결 |
| 1894년 | 8시간 노동법 성립 |
| 1895년 | 공장법 성립 |
| 1897년 | 노동자 보장법 성립 |
| 1900년 | 노동대표위원회 결성 |
| 1901년 | 빅토리아 여왕 서거 |

관련항목

# 당시의 중대 사건

현대에까지 전해질 정도로 유명한 연쇄 살인범 잭 더 리퍼 전설. 이 사건은 당시 사회상이 만들어낸 것이었다.

## ● 연쇄 살인을 둘러싼 당시의 사람들

현재 잭 더 리퍼에 의한 범행 피해자는 총 5명이다. 모두 매춘부로 그 대부분이 주벽이 심했고 품행이 단정치 못한 여자들이었다. 그 중에는 좋은 집안의 메이드, 우두머리 마부 Head coachman 의 부인 등 안정된 생활이 가능한 사람들도 있었지만 어쨌든 여성으로서 갈 데까지 간 최악의 직업이 바로 매춘부라는 사실을 알 수 있다. 사건에 대한 사회 정세도 흥미롭다. 사건 현장이 된 이스트엔드의 화이트채플 지구는 살인 사건이 일상적으로 일어나는 곳으로 한두 명 사람이 죽었다고 해서 특별히 난리법석을 떠는 곳이 아니었다. 그러나 첫 번째 살인 사건이 일어나기 전에 두 건의 매춘부 살인 사건이 잇달아 일어나기도 했기 때문에 각 신문사가 대대적으로 보도했다. 과잉 보도는 일종의 광적인 것으로 현재까지 전해지는 잭의 이미지 대부분이 이런 식의 과다한 보도 경쟁으로 만들어진 것이었다. 경찰이 받았다고 발표한 잭의 편지도 사실은 신문사가 거짓으로 보낸 것이라는 설이 있을 정도다. 이렇게까지 된 배경에는 신문이 서민의 읽을 거리로 보급되었기 때문이었다.

한편 정보를 받아들이는 쪽도 과잉 반응을 했다. 두 번째 살인 사건이 일어날 즈음에 사람들은 일종의 히스테리 상태가 되어 그 불안을 해소시킬 대상을 찾는데 혈안이 되었다. 결국 주로 외국인 이민자들이 그 대상이 되어 당시 사람들의 차별 의식이 한층 더 뚜렷해졌다. 또한 잭으로 가장한 악질적인 장난도 횡행했다. 이러한 행동을 하는 사람들 대부분은 억압된 사회의 밑바닥에 있는 사람들이었다. 경찰의 대응 또한 적절치 못했다. 당시의 경찰은 대부분의 병력을 노동자 운동 진압에 투입했다. 현장의 경찰관들은 피나는 노력을 했지만 상층부는 파벌 투쟁과 휴가 여행 등으로 시간 가는 줄 몰랐다. 그래서 결국 빅토리아 여왕의 질책을 받는 지경에 이르렀다.

## 잭 더 리퍼 사건과 사회의 반응

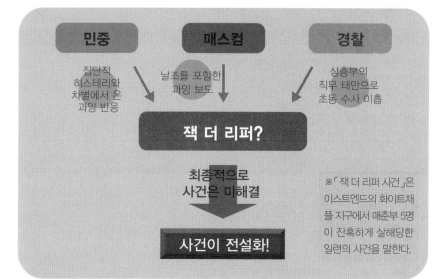

※「잭 더 리퍼 사건」은 이스트엔드의 화이트채플 지구에서 매춘부 5명이 잔혹하게 살해당한 일련의 사건을 말한다.

## 잭 더 리퍼 사건의 피해자 경력

| 피해자 | 향년 | 경력 |
|---|---|---|
| 메리 앤 니콜스 | 42세 | 스무 살에 결혼을 했지만 주벽이 심해 별거.그 후 좋은 집에서 메이드로 일하지만 고용주에게 3펜스를 훔쳐 도망갔다. 이스트엔드에서 매춘부로 일했다. |
| 애니 채프만 | 47세 | 아버지가 근위기병으로 좋은 집안의 집사와 결혼을 했지만 주벽이 심해서 이혼. 이스트엔드에서 매춘부로 일했다. |
| 엘리자베스 스트라이드 | 44세 | 스웨덴 출신. 런던에 오기 전의 경력은 불명. 내연의 남편이 죽은 후 부두 인부와 동거하면서 매춘부로 일했다. |
| 캐서린 에드우즈 | 46세 | 19살에 병사와 눈이 맞아서 도망가지만 주벽이 심해서 별거. 시장의 운반인과 동거하면서 매춘부로 일했다. |
| 메리 제인 켈리 | 25세 | 16살에 탄광의 광부와 결혼. 2년 후에 남편이 사고로 죽은 뒤 어쩔 수 없이 매춘부로 일하게 되었다. |

관련항목
- 노동자 계층→No.016
- 여성용 잡지와 지침서의 유행→No.035
- 경찰관→No.091

# 상류 계층

영국 사회의 정점에 군림한 상류 계층. 그들은 노동을 해서는 안 되기 때문에 사용인이 필요했다.

## ● 상류 계층 사람들

왕실 관계자를 제외하면 **상류 계층**은 **귀족**과 젠트리 두 부류로 크게 나눌 수 있다. 귀족은 공작, 후작, 백작, 자작, 남작이라는 작위를 가지고 1만 에이커(1에이커=약 4046.9㎡) 이상의 토지를 소유하고 있는 계층이다. 젠트리는 작위를 가지고 있지 않은 대토지 소유자로 아무리 적어도 1000에이커 정도의 토지는 가지고 있었다.

그들의 공통점은 양쪽 모두 노동을 할 필요가 없었다는 점이다. 그래서 당시에는 보수가 없었던 국회의원이나 판사 같은 명예직은 노동을 할 필요가 없는 상류 계층 사람들의 전유물로 여겼다. 이러한 특징은 상류 계층의 교육과 레저에도 영향을 끼쳤다. **중류 계층**이 실용적이고 전문적인 학문을 중시했던 것에 비해 상류 계층은 아마추어 학자적인 학문을 추구했다. 게다가 레저에서는 말도 안 될 정도로 규모가 큰 것을 선호했다.

## ● 사용인을 고용해야 할 필요성

상류 계층은 어쨌든 노동과는 일정한 거리를 두려는 경향이 있었다. 그래서 사용인이라는 존재는 그들에게 있어서 꼭 필요했다. 비튼 부인의 가정서에 「그들은 생활의 많은 부분을 사용인에게 의존하고 있다」고 쓰여진 것처럼 상류 계층의 생활은 사용인이 없이는 성립되지 않았다. 상류 계층의 여성은 특히 그러한 경향이 강해서 사용인이 없으면 옷을 입는 것조차 할 수 없었다고 한다. 그래서 상류 계층에서는 사용인의 수가 그들의 사회적 우열을 결정짓는 수단으로 여겼다. 어떤 부인은 파티의 자리 순서를 사용인 수로 결정하기도 했다.

## 상류 계층이란

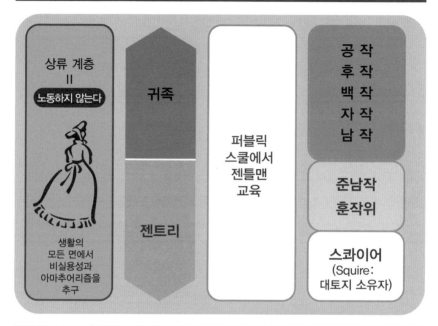

상류 계층
=
노동하지 않는다

생활의 모든 면에서 비실용성과 아마추어리즘을 추구

귀족
젠트리

퍼블릭 스쿨에서 젠틀맨 교육

공 작
후 작
백 작
자 작
남 작

준남작
훈작위

스콰이어
(Squire: 대토지 소유자)

## 상류 계층의 조건

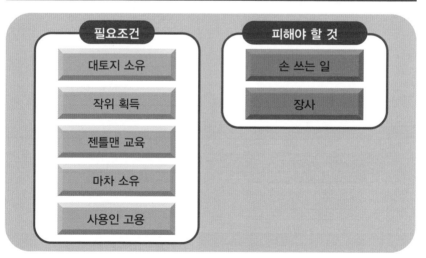

**필요조건**
- 대토지 소유
- 작위 획득
- 젠틀맨 교육
- 마차 소유
- 사용인 고용

**피해야 할 것**
- 손 쓰는 일
- 장사

# 중류 계층

영국의 번영을 배경으로 대두한 중류 계층. 그들 역시 이 시대의 사용인 증가에 한 몫한 존재였다.

## ● 중류 계층 사람들

중류 계층은 크게 상, 공, 금융과 같은 산업으로 부를 축적한 부르주아 계층과 변호사, 의사, 군장교와 같은 전문직으로 나눌 수 있다. 빅토리아 왕조를 통해서 늘어난 계층으로 경우에 따라서는 상류 계층에 필적할만한 재산을 가진 사람도 있었다고 한다.

그들은 노동을 하지 않으면 수입을 얻을 수 없기 때문에 근로와 검약을 미덕으로 삼고 있다는 점이 상류 계층과 다르다. 그러나 그것은 직장에 관해서만 그렇고 상류 계층으로의 진입을 목적으로 상류 계층의 생활을 모방하는 경우가 많았다.

하지만 수입이 적은 중류 계층의 경제 상황은 노동자 계층과 크게 다르지 않았다. 이들의 불만은 나중에 노동자들과 함께 영국에 대중화의 파도를 불러 일으킨다.

## ● 중류 계층에 있어서 사용인이란

중류 계층에 있어서 사용인은 노동자 계층과 자신들을 구별하기 위한 중요한 지표였다. 특히 의사나 변호사와 같은 지적인 직업의 경우, 적어도 세 명 정도 사용인을 고용해야만 체면이 섰다고 한다. 그래서 금전적으로 힘들면서도 사용인을 고용하려는 경우도 적지 않았다. 그 중에는 사람 눈에 띄는 계단만 닦는 여성을 일용직으로 고용해서 허세를 부리는 가정도 있었던 것 같다. 그런 가정에 고용된 사용인은 가사 대부분을 혼자서 전담하므로 정말 힘들었다고 한다. 그러나 시대가 지나면서 가사 대부분은 집 밖의 전문 업자들에게 위탁하게 되었고 또한 가정 환경의 변화로 중류 가정에서도 사용인의 필요성이 낮아졌다.

## 중류 계층이란

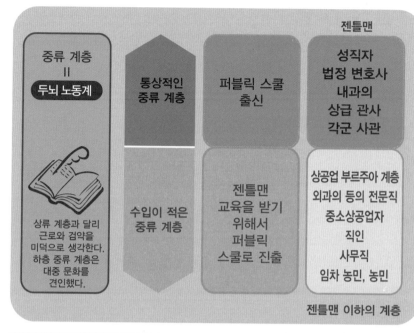

중류 계층
=
두뇌 노동계

상류 계층과 달리 근로와 검약을 미덕으로 생각한다. 하층 중류 계층은 대중 문화를 견인했다.

통상적인 중류 계층

수입이 적은 중류 계층

퍼블릭 스쿨 출신

젠틀맨 교육을 받기 위해서 퍼블릭 스쿨로 진출

젠틀맨

성직자
법정 변호사
내과의
상급 관사
각군 사관

상공업 부르주아 계층
외과의 등의 전문직
중소상공업자
직인
사무직
임차 농민, 농민

젠틀맨 이하의 계층

## 중류 계층과 사용인의 관계

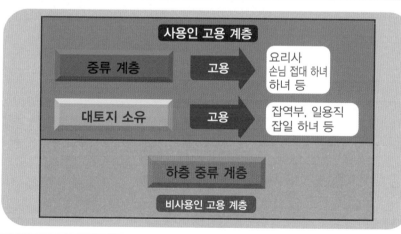

사용인 고용 계층

중류 계층 → 고용 → 요리사 손님 접대 하녀 하녀 등

대토지 소유 → 고용 → 잡역부, 일용직 잡일 하녀 등

하층 중류 계층

비사용인 고용 계층

관련항목
● 상류 계층→No.014
● 노동자 계층→No.016
● 빅토리아 왕조의 군대→No.032
● 기업가→No.090
● 육군 병사→No.092

# 노동자 계층

당시 영국에서 대다수를 차지하고 있던 노동자 계층. 사용인들도 이러한 노동자 계층의 일부였다.

## ● 노동자 계층 사람들

**노동자 계층**은 당시 영국 인구의 대다수를 차지하고 있었으며 소작인과 공장 노동자, **거리 상인** 등에 종사하는 사람들로 구성되어 있었다. 일반적으로 그들은 **중류 계층**과 같은 전문적인 노동에 종사할 능력이 없으며 대부분이 육체 노동에 종사했다고 한다. 당연히 수입도 적고 그 대부분이 식비와 집세로 지출되었다. 당시 정치가는 빈민 계층을 「국가의 재산을 쓸데없이 쓰게 만드는 존재일 뿐」이라고 인식했으며 그들에게 도움을 주려고 생각한 것은 좀 더 시간이 흐른 뒤의 일이 됐다. 그러나 이 계층 안에서도 아주 드물게 풍족한 계층이 존재했고 그들을 「노동귀족」이라고 비꼬아 불렀다. 그들처럼 비교적 풍족한 계층이 나중에 일부 중류 계층과 함께 대중 문화의 흐름을 만들었다.

## ● 노동자 계층과 사용인

대다수의 사용인은 노동자 계층 출신이다. 특히 여성은 12~13살이 되면 가사일을 돕는 하녀로 가는 것이 일반적으로 생활이 힘든 시골에서 도시로 나오기 위한 유용한 수단이기도 했다. 살 곳과 식사를 걱정하지 않아도 되고 적지만 급여도 받을 수 있는 사용인은 노동자 계층의 젊은 남녀에게는 매력적인 직업이었다. 그러나 빅토리아 왕조도 중기에 접어들면서 공장에서의 여성 노동이 일반화되어 상황이 크게 바뀌었다. 여성이 얻을 수 있는 직업이 다양화되면서 사용인이 되려는여성들이 줄어 든 것이었다. 이미 사용인으로 일하고 있던 여성은 정해진 노동 시간에만 일하고 스스로 번 돈으로 자유롭게 자신을 치장하는 여공들을 부러워했다고 한다.

## 노동자 계층이란

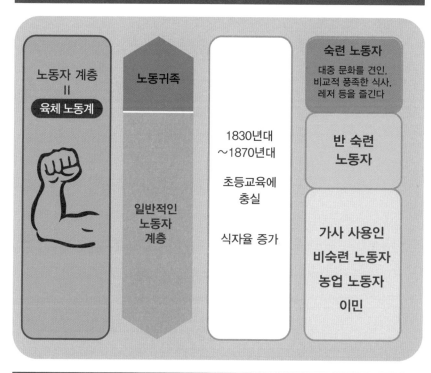

## 노동자 계층과 사용인의 관계

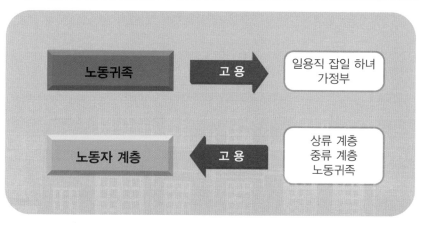

# 시골 저택

Country House

상류 계층의 사람들이 주로 생활했던 시골 저택(컨트리 하우스). 단지 넓기만 한 것이 아니라 여러 가지 의미를 가지고 있었다고 한다.

## ● 컨트리 하우스

컨트리 하우스는 **상류 계층** 생활의 중심이 된 유서 깊은 시골의 대저택이다. 컨트리 하우스의 정의는 여러 가지가 있지만 적어도 주위에 넓은 땅이 있고 소유자의 생활이 보장되어야 컨트리 하우스라고 불려졌다. 권력의 상징이기도 하며 권력자와 그것을 목표로 하는 사람들은 모두 컨트리 하우스를 원했다고 한다.

권력의 상징이 될 정도이므로 건물도 호화 그 자체였던 것 같다. 평균 30~50개, 많은 경우는 365개나 방이 있고 사용 목적에 따라 방문객 등에게 개방된 공공 구획, 부부의 개인적인 구획, 아이들을 위한 구획, 사용인을 위한 구획으로 나누어져 있어 각각의 구획의 사람들이 필요 이상으로 얼굴을 마주칠 필요가 없도록 설계되어 있었다. 그래서 고용주들이 일절 사용인을 안 보는 저택도 많았다. 게다가 대규모 저택이라면 여러 가지 잡일이 이루어지는 오피스라고 불리는 구획도 설치되어 있었다. 내장품도 으리으리한 것이 많아 생활 유지를 위해서 많은 사용인을 필요로 했었던 것 같다.

그러나 이 정도로 호화로운 저택이라고 해도 컨트리 하우스에서의 생활은 특히 여성에게 너무나 단조로웠던 모양이다. 지금처럼 오락이 많은 시대가 아니며 남성처럼 수렵 등을 즐길 수도 없었던 여성으로서는 시골 생활의 지루함은 정말 견디기 힘든 것이었던 것 같다. 그래서 컨트리 하우스에서는 하우스 파티가 종종 열렸다고 한다. 여기에 드는 비용이 결코 만만치는 않았지만 혼담을 성사시키거나 정치적인 담화를 나누거나 손님과의 즐거운 한 때를 보낼 수 있는 등 장점도 많았다. 무엇보다도 바쁜 파티 준비는 컨트리 하우스의 안주인들을 지루함에서 벗어나게 해주었다.

## 컨트리 하우스란

### 현재의 컨트리 하우스의 정의

어느 정도 역사를 가진 지방의 대저택.
적어도 주인의 생활을 보장할 수 있을 만큼의
영지를 가지고 있다.

빅토리아 왕조에서는
권력의 상징

### 일반적인 컨트리 하우스의 구조

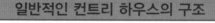

| | |
|---|---|
| 3층 | 아이들 방, 공부방 등 |
| 2층 | 고용주의 침실, 안주인의 침실, 서재 등 |
| 1층 | 홀, 대계단, 응접실, 식당, 객실, 갤러리 등 |
| 지하 | 부엌, 세탁장, 각종 저장고, 사용인 홀, 가정부 방 등 |

■ 가족을 위한 구획
■ 공공 구획
■ 사용인을 위한 구획

※ 그림은 어디까지나 형식적인 것이다. 실제 레이아웃은 고용주의 취미에 따라
천차만별로 낡은 컨트리 하우스의 경우는 사용인 구획이 지상에 있는 경우도 있다.
또한 축사나 세탁장이 떨어져 있는 경우도 많다.

관련항목

●상류 계층→No.014     ●빅토리아 왕조의 오락→No.028

# 도시 저택

## Town House

상류 계층의 사람들이 정해진 기간 동안에만 이용하는 도시 저택(타운 하우스). 그러나 호사스러움은 컨트리 하우스에 결코 뒤지지 않는 것이었다.

## ● 타운 하우스

**타운 하우스는 상류 계층** 등 유복한 사람들이 사교계 시즌을 보내기 위해 런던에 만든 저택이다. 대체로 런던 서쪽의 웨스트엔드에 많으며 빈민가가 있는 동쪽의 이스트엔드와는 대조적인 분위기였다고 한다. 현재 버킹검 궁전도 원래는 낡은 타운 하우스를 개장한 것이라고 한다. 그러니 얼마나 일반 주택과 동떨어져 있는지 짐작이 될 것이다.

런던에서는 사용할 수 있는 면적이 제한되어 있기 때문에 타운 하우스는 수직 방향으로 높아졌다. 즉 넓은 면적을 가지고 있는 컨트리 하우스와는 대조적으로 고층화되었다. 지하에는 부엌Kitchen과 여성 사용인의 침실, 1층에는 식당, 2층은 객실, 3층은 주인과 안주인의 침실, 4층에는 육아실과 아이들 방, 제일 꼭대기의 지붕 밑 방은 남성 사용인의 침실이었다. 넓은 중앙 정원은 지하의 부엌에서 볼 수 있었으므로 사용인들은 그곳에서 파티를 훔쳐보기도 했다고 한다. 여기에서도 사용인들의 구획은 떨어져 있었으며 사용인은 전용 출입구와 계단으로만 다니게 되어 있어서 고용주의 가족이나 방문객의 눈에 띄지 않도록 설계되었던 것 같다.

사교계 시즌밖에 사용하지 않는 타운 하우스지만 그곳에는 식비를 포함한 급여를 받으며 집을 관리하는 사용인이 상주하고 있었다. 오랫동안 집을 방치하면 다시 사람이 살 수 있는 상태로 되돌리기까지 상당한 시간과 노력이 들었기 때문이다. 게다가 타운 하우스에는 귀중한 가구나 식기도 있어서 관리하는 사람이 꼭 필요했다. 또한 컨트리 하우스의 사용인에게 있어 사교계 시즌에 타운 하우스에 가 있는 것은 은밀한 즐거움이었다고 한다. 또한 보통의 폐쇄적인 직장에서 새로운 환경으로 옮기는 것 자체가 사용인들에게 여행과도 같은 해방감을 주었다.

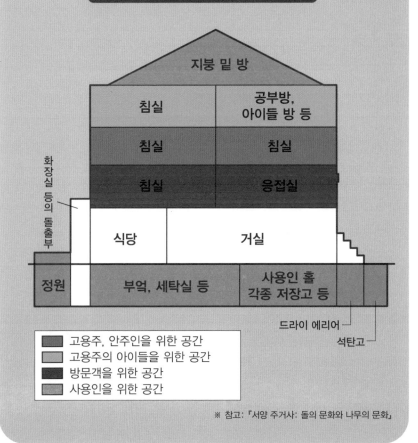

**타운 하우스**

유복한 사람들이 사교계 시즌을 보내기 위해서
런던에 만든 저택.
런던은 토지가 좁기 때문에
컨트리 하우스와는 대조적으로 고층이었다.
분양 주택인 테라스 하우스 형식도 많았다.

**일반적인 타운 하우스의 구조**

지붕 밑 방

| 침실 | 공부방,<br>아이들 방 등 |
| 침실 | 침실 |
| 침실 | 응접실 |
| 식당 | 거실 |

화장실 등의 돌출부

| 정원 | 부엌, 세탁실 등 | 사용인 홀<br>각종 저장고 등 |

드라이 에리어

석탄고

■ 고용주, 안주인을 위한 공간
■ 고용주의 아이들을 위한 공간
■ 방문객을 위한 공간
■ 사용인을 위한 공간

※ 참고: 『서양 주거사: 돌의 문화와 나무의 문화』

관련항목

●상류 계층→No.014　　　　　　　●시골 저택→No.017

# 도시의 일반적인 주택

상류 계층의 사치스런 주택과는 달리 일반 서민은 각각의 소득에 맞는 주택에서 나름대로 도시 생활을 보내고 있었다.

## ● 도시부의 주택 사정

공장 노동자 등 정기적인 수입이 있는 계층이라면 런던 교외에 만들어진 방 4개짜리의 작은 집합 주택에서 살고 있었다. 방 하나는 **부엌**Kitchen, 하나는 식당 겸 거실, 나머지 두 곳은 침실로 사용됐다. 더 호화로운 곳은 테라스나 중앙 정원이 있고 제대로 된 수도 시설이 구비되어 있었지만 외견상으로는 평균화된 밋밋한 주택이었던 것 같다. 런던 중심부에서는 청결한 마루와 창문, 방 2개를 갖춘 집이라면 비교적 쾌적한 생활이 가능했다고 한다. 그러나 수입이 없는 계층은 썩은 바닥에 창문도 제대로 없는 방 1개짜리 집을 빌려서 생활했다. 빌린 집의 공간 일부를 또 빌려줘서 집세를 절반만 내는 가정도 있었다고 하니 놀랄 일이다. 침대도 대부분 하나고 식사 준비는 석쇠가 있는 난로에서 했다고 한다.

그날 벌어 그날 살아가는 사람은 간이 숙박소를 밤에만 이용을 했다. 당연히 환경은 열악했으며 술을 마시지 않으면 제대로 잘 수도 없을 정도였다고 한다. 기온이 0도 이하로 떨어지면 온정을 베풀어서 무료로 개방하기도 했었던 것 같지만 숙박할 돈이 없으면 가격이 싼 부엌 바닥에서 지낼 수밖에 없었다. 이미 자활 능력이 사라지면 의지할 곳이라고는 구빈원 밖에 없었다.

1843년에 제도화된 구빈원은 이러한 사람들을 구제하기 위한 곳이었지만 당시 지식 계층은 게으른 사람들을 배제하기 위해서 일부러 열악한 생활환경으로 꾸몄다. 얼마 되지 않는 소유품은 전부 몰수당하고 가족과 떨어져서 생활한다. 게다가 식사는 적고 무의미한 노동을 해야만 하는 환경의 구빈원을 당시 사람들은 지옥이라고 불렀다. 조금이라도 자활 능력이 있는 사람들은 절대로 가려고 하지 않았다고 한다. 또한 일부 형무소는 사회에서 밑바닥 생활을 하는 것보다 훨씬 쾌적해서 입소하려고 일부러 범죄를 저지르는 사람들이 많았다고 한다.

## 노동자용 집합 주택

어느 정도 수입이 있는 계층이 사는 주택. 부엌, 식당 겸 거실, 침실 등을 포함한 여러 개의 방이 있다. 그 중에는 작지만 정원을 가진 곳도 있었다. 상하수도 등의 시설도 비교적 잘 되어 있다.

## 세집

수입이 적은 계층이 사는 주택. 대체로 방이 1개만 있으며 요리는 방에 딸린 난로 등에서 한다. 멋대로 방의 공간을 나누어 빌려주어서 집세를 받기도 했다. 상수도는 공동, 하수는 거의 정비되어 있지 않았다.

## 싸구려 여관이나 간이 숙박 시설 등

집을 빌릴 수 있을 정도로 정기적인 수입이 없는 계층이 살았다. 환경은 열악해서 술을 마시지 않으면 도저히 잠을 잘 수도 없었다고 한다. 범죄자들이 모이는 경우도 많고 숙박비 대신 장물을 요구하는 주인도 있었다.

## 구빈원

가난한 사람들의 마지막 선택. 열악한 생활 환경, 가혹한 노동이 의무적으로 부과된다. 자활 능력이 있는 사람은 가급적이면 구제원에 들어가고 싶어 하지 않았다.

관련항목

●노동자 계층→No.016

# 농촌의 일반적인 주택

빅토리아 왕조 중기부터 급속도로 사라져간 농촌부의 생활은 빈곤의 고통과 향수를 사람들에게 불러일으키는 존재였다.

## ● 농촌에서의 생활

빅토리아 왕조의 농촌 주택은 지방별로 재질 등이 다르기는 했지만 대체로 소박했다. 방은 1개 혹은 2개 정도이며 바닥은 벽돌이나 돌, 심한 경우에는 흙으로 되어 있었다고 한다. 규모가 커지면 2층을 가진 집도 있었지만 오르락내리락하는 데 줄사다리를 이용했으며 침실로만 사용했던 것 같다. 천정도 낮아서 집 중앙에서만 제대로 설 수 있었던 집도 많았다고 한다. 부엌Kitchen용 화로가 설치되어 있는 곳이 적고 난로의 불이나 석쇠를 이용해서 요리를 했다. 침대도 대체로 하나뿐이었고 가족 전원이 함께 잤던 것 같다. 여기에 일상 생활 용품, 간단한 가구를 더한 것이 일반적인 농촌에서의 생활이었다. 또한 이러한 주택의 대부분은 빌린 집으로 지주의 기분에 따라 갑자기 쫓겨나는 경우도 허다했다고 한다.

한편 **상류 계층** 사람들이 자신이 소유하고 있는 토지에 실험적인 모델 주택 등을 만들기도 했다. 당시 상류 계층 사람들은 자신의 소유 토지에 사는 사람들의 생활 환경 개선이 의무라고 생각하고 있었다. 이는 차별적인 생각으로 농촌 사람들을 자신이 소유하는 토지의 배경 정도로 밖에 생각하지 않았기 때문이다. 그래도 유능한 건축가들을 아낌없이 투입한 이러한 주택들은 당시 농촌에서는 가장 최신 모델이었다. 현재 전원 풍경으로 익숙한 풍경의 대부분은 이런 모델 주택들의 흔적이다. 그러나 빅토리아 왕조 후기에는 이러한 전통적인 농촌에서의 삶을 볼 수 없게 된다. 인구의 거의 대부분이 도시로 이동하고 낡은 농촌에서의 생활에 대한 향수를 도시의 편리함이 덮어버리게 되었기 때문이다.

## 일반적인 농촌 주택

지방에 따라 재질에는 차이가 있지만 농촌 주택은 일반적으로 소박하다. 지붕도 낮고 가구, 생활용품 등 필요한 것을 최소한으로 갖추고 있을 뿐이다. 또한 직접 소유하고 있는 경우보다는 빌린 경우가 많았던 것 같다.

적지만 2층집도 있다. 하지만 2층은 침실로 이용되었을 뿐으로 오르락내리락 하는 데 줄사닥다리를 이용했다.

부엌에 화덕이 설치되어 있는 곳이 적고 난로의 불이나 석쇠를 조리용으로 이용했다.

바닥은 벽돌이나 돌이 일반적이다. 흙으로 되어 있는 집도 있었다.

## 실험적인 모델 주택

상류 계층 등의 대토지 소유자에 의해 만들어진 모델 주택. 그들에게 있어서 모델 주택과 모델 집합주택을 건설하는 것과 농지 정비를 하는 것은 의무 중 하나라고 생각했던 것 같다.

모델 주택의 샘플 중 하나. 상류 계층 등의 대토지 소유자들은 유능한 건축가를 초대해 아낌 없이 투자를 해서 모델 주택을 건축했다.
다만 이 주택들이 실제로 농민들에게 제공되었는지는 매우 의문스럽다.

**관련항목**

● 상류 계층→No.014

● 빅토리아 왕조의 주방 용품→No.022

# 빅토리아 왕조의 조명과 난방

빅토리아 왕조는 조명 기구가 급속하게 발전한 시대였다. 그러나 한 편으로 난방은 오로지 난로에 의존하고 있었다고 한다.

## ● 조명 기구의 발전

19세기 초, 조명이라고 하면 양초가 대부분이었다. 그러나 조명 기구는 급속한 발전을 이루어 시간이 지날수록 기름 램프, 가스등이라는 새로운 조명이 사람들의 생활 속으로 침투해 가게 되었다. 하지만 사용인 등의 **노동자 계층** 사람들은 값싼 양초를 계속 사용한 듯 하다. 기름 램프는 처음에는 상당히 비쌌기 때문에 부유 계층의 저택이나 공공 시설 이외에서는 그다지 사용되지 않았다. 그러나 19세기 중반이 되면서 일반 사람들에게 보급되었다. 양초에 비해서 연기가 적고 밝았지만 그만큼 관리하는데 손이 많이 갔다. 그래서 사용인들은 기름 램프를 열심히 손질해야만 했다고 한다.

1807년에 가로등으로 처음 도입된 가스등은 「저녁을 낮으로 바꾼다」고 생각할 정도로 밝았다. 가스의 가격도 양초나 등유보다 쌌지만 좀처럼 일반 가정에는 보급되지 않았다. 다루기가 어렵기도 했지만 지나치게 밝은 것이 당시 사람들에게는 경박하게 보였기 때문이다. 또한 여성들이 자신들의 흠이 쉽게 보이는 것을 싫어한 것도 이유 중 하나였다. 일반에게 보급이 된 것은 1870년대 이후였다.

## ● 빅토리아 왕조의 난방

빅토리아 왕조의 난방은 난로가 대세였다. 스토브도 있기는 했지만 그다지 보급되지 않은 듯 했다. 그래서 겨울에는 난로 앞이 가족의 쉼터가 되었다. 사용인이 있는 가정에서 난로의 관리는 **하녀**House maid나 **잡역부**Maid of all works가 담당한 듯 했다. 아침 일찍 일어나서 불을 피우고 석탄을 옮기는 것은 아주 힘든 중노동이었다고 한다. 하녀들이 매일 열심히 일한 덕분에 가정 유일의 쉼터가 지켜졌다.

## 빅토리아 왕조의 주요 조명 기구

### 양초

노동자 계층 사람들이 주로 사용했던 것이 동물성 지방 양초이다.
역겨운 냄새, 연기, 그을음이 나오지만 가격이 싸기 때문에 오랫동안 사용되었다.

### 기름 램프

비교적 밝고 연기도 적지만 관리가 힘들다. 램프의 관리는 주로 남성 사용인이 했다고 한다.

### 가스 램프

훨씬 밝고 유지비용도 기름 램프보다 싸다. 그러나 가스 냄새나 지나치게 밝다는 이유로 좀처럼 보급되지 않았다.

### ✦ 난로 앞에서 단란한 한 때를 보내는 가족

당시 난로 앞은 가족의 단란함을 엿볼 수 있는 곳이었다. 아니, 겨울이 되면 느긋하게 있을 수 있는 곳이 거기 밖에 없었다. 빅토리아 왕조 사람들은 따뜻한 공기는 몸에 나쁘다고 생각하고 있었기 때문에 침실에는 난방 기구를 두지 않았다. 그래서 그들은 아침에 일어날 때 상당히 추웠다. 당연한 얘기겠지만 개중에는 따뜻한 공기가 몸에 나쁘다는 생각이 바보스럽다고 불평을 토로하는 사람도 있었던 듯 했다.

# 빅토리아 왕조의 주방 용품

어지러울 정도로 문화가 빨리 발전한 빅토리아 왕조. 주방 용품도 다양한 변천 과정 (추가) 을 겪었다.

## ● 부엌을 장식한 여러 가지 주방 용품

빅토리아 왕조의 주방 용품의 중심이었던 요리용 화덕은 18세기경까지 밀폐되어 있지 않은 개방형이 사용되었다. 그러나 개방형 화덕은 열효율이 낮고 요리가 완성될 때까지 대량의 석탄이 필요했기 때문에 19세기에 들어서면서 보다 효율적인 밀폐형 요리용 화덕이 등장하게 되었다. 이 밀폐형 화덕은 고기를 굽는 로스터, 빵은 굽는 오븐, 조리를 하기 위한 버너 등 여러 가지 기능을 가지고 있으며 빅토리아 왕조의 **부엌**<sup>Kitchen</sup>에 혁명을 가져 왔다고 한다. 그러나 이들 석탄 화덕은 매일 흑연을 바르는 등 관리가 필요했으며 불 조절 등도 어려웠다. 그래서 **요리사**<sup>Cook</sup>와 **부엌 하녀**<sup>Kitchen maid</sup>는 각각의 기준을 만들어 화덕을 관리했다고 한다. 19세기 후반에 들어서면서 불의 강약을 자유롭게 조절할 수 있는 가스 화덕이 등장한다. 이들은 석탄 화덕에 비해 불 조절이 쉽고 관리도 간단하다는 등 장점이 많았지만 가스불이 몸에 나쁘다고 생각한 빅토리아 왕조 시대 사람들에게 받아들여진 것은 좀 더 시간이 흐른 뒤의 일이었다.

부엌에는 이 외에 로스터, 스튜 요리용의 크고 납작한 냄비와 풍로, 주방 용품을 수납하기 위한 선반이 달린 큰 조리대, 큰 식기장 등이 설치되어 있었다. 큰 절구도 있었는데 이것을 사용해서 큰 덩어리의 설탕을 부수거나 고기를 두들겨서 부드럽게 하기도 했다. 요리에 사용하는 냄비나 프라이팬 등은 동제품으로 안쪽은 주석으로 도금되어 있는 것이 인기가 있었던 듯 했다. 그러나 당시로서도 가격이 비싸고 종류나 숫자가 많이 필요했기 때문에 유복한 집이 아닌 이상 철제 냄비를 사용했는데 녹으로 인한 중독 증상이 생기므로 취급에는 상당히 신경을 썼다고 한다. 좀 색다른 것으로는 얼음을 사용한 냉장고도 있었다. 그러나 이것도 얼음을 얻을 수 있는 일부 가정에서만 가능한 용품이었던 듯 했다.

# 빅토리아 왕조의 주방 용품

## 요리용 화덕(석탄)

주방 용품의 중심. 18세기경까지 밀폐되어 있지 않은 개방형이 사용되고 있었지만 19세기에 들어서는 보다 효율적이고 다기능인 밀폐형 요리용 화덕이 등장한다.

## 요리용 화덕(가스)

석탄 화덕에 비해 불 조절이 쉽고 관리도 간단하지만 빅토리아 왕조 시대의 사람들은 가스로 조리하는 것을 싫어했기 때문에 보급되는 데 시간이 걸렸다.

## 주방 용품 세트

동에 주석으로 도금이 된 도구가 제일 인기가 많았지만 가격이 비싸고 관리도 어려워서 일반 가정에서는 철제 도구를 사용했다.

## 그 외 도구

꼬치 구이 기구, 설탕 집게, 캔 따개 등. 이외에도 여러 가지 도구가 부엌에서 사용되었다.

관련항목
●요리사→No.044
●부엌 하녀→No.048
●주방→No.074

# 빅토리아 왕조의 식탁

빅토리아 왕조의 식탁이라고 하면 상류 계층의 이미지 때문에 아주 호사스러운 것이 상상된다. 그러나 서민들의 식탁은 조금 달랐던 듯 하다.

## ● 상류 계층의 식탁

당시 영국인들의 주식은 고기였다. 18세기에는 **상류 계층** 간에 비프 스테이크 클럽 등과 같은 것이 만들어졌을 정도로 소고기, 돼지고기 등의 가축 고기, 꿩, 들꿩 등의 사냥물까지 다양한 육류가 소비되었다. 그 중에서도 바다 거북의 고기는 최고급품으로 이것을 사용하여 파티를 여는 것은 부와 명성의 상징이었다고 한다. 부식이었던 빵은 통상적으로 집에서 구웠었지만 시대가 흐르면서 업자에게 주문을 하게 되었다고 한다. 음료수에는 와인 맥주 등과 같은 알코올 음료, 차, 우유 등이 있었다. 여기에 **가정부**<sup>Housekeeper</sup>가 알코올 음료로 만든 각종 음료수 등도 식탁에 올라왔다. 디저트 종류도 이 시대에 크게 발달하여 상류층 가정의 식탁은 상당히 풍성했다.

## ● 서민의 식탁

일정한 직업을 가지고 어느 정도 수입이 있는 가정이라면 시장에서 팔고 있는 뿌리채소류나 가공되지 않은 육류를 중심으로 한 식사를 할 수 있었다. 그러나 기본적으로는 베이컨이 그 가정의 유복함을 측정하는 척도였던 듯 했다. 아래로 내려갈수록 베이컨보다도 빵, 감자, 콩 수프, 고기 찌꺼기로 만든 푸딩 같은 것을 많이 먹었으며, 베이컨을 살 수 없으면 생활은 거의 끝장난 것이라고 보고 있었다. 항구 근처에서는 해산물이 서민들의 주식이었다. 특히 싸고 영양이 있는 굴, 뱀장어, 청어 등의 종류는 서민들에게 인기가 있는 식재료였으며 식사 때가 되면 포장마차에 많은 사람들이 늘어서 있었다. 서민에게 인기가 있던 음료수는 진<sup>Gin</sup> 등의 값싼 알코올 음료였다. 당시 지식인들은 이러한 음료수를 나쁘게 여겼지만 서민에게는 고된 일상을 잠시나마 잊게 만들어주는 중요한 것이었다.

## 상류 계층의 식탁

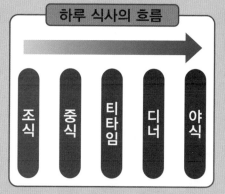

### 하루 식사의 흐름

조식　중식　티타임　디너　야식

※ 꽤 늦은 시간까지 식사를 했기 때문에 아침 식사는 가벼운 것을 선호했다. 또 점심 식사는 그렇게 친하지 않은 손님을 대접하는 경우가 많았다고 한다.

### 식탁에 주로 올라온 식품

● 소, 돼지, 양 등의 가축류
● 가금류, 사냥물
● 달걀
● 바다 거북 등의 진미
● 연어, 대구 등의 해산물
● 집에서 구운 빵
● 집에서 기른 야채류
● 신선한 과일
● 유제품
● 와인 등의 고급 주류
● 홍차, 커피

## 노동자 계층의 식탁

### 식사 내용에서 본 소득 격차

육류나 해산물, 야채, 빵

주말에 가공육, 빵, 감자

유제품, 빵, 감자

빵과 홍차

### 식탁에 주로 올라온 식품

● 가공되지 않은 육류
● 베이컨 등과 같은 가공육
● 유제품
● 항구 근처에서 얻을 수 있는 값싼 해산물
● 빵집에서 구입한 빵
● 감자 등과 같은 뿌리채소류
● 값싼 콩, 야채류
● 여러 번 우려내서 향기와 맛이 엷어진 홍차

관련항목
●상류 계층→No.014
●중류 계층→No.015
●노동자 계층→No.016
●가정부→No.041

# 빅토리아 왕조의 의료와 현장

다양한 기술이 발달하고 역사의 전환기가 된 빅토리아 왕조. 그 혁신의 여파는 당연히 의료 분야에까지 미쳤다.

## ● 빅토리아 왕조의 의료

빅토리아 왕조는 의료 기술이 크게 발전한 시대였다. 인체 구조와 병의 관계에 대한 이해가 깊어지고 병의 원인이 되는 균을 특정 짓는 일도 가능해졌다. 페놀(석탄산)을 사용한 소독도 그 중 하나로 그로 인해 외과 수술에 의한 감염증의 비율이 크게 감소했다. 또한 빅토리아 여왕이 출산 때 마취제를 사용했던 것을 계기로 그 때까지 마취를 미심쩍어 하던 일반인들 사이에서도 널리 사용하게 되었다. 그 외에도 특허를 받은 의약품이 보급되고 그것으로 부를 축적하는 사람도 생겨난 듯 했다.

## ● 당시의 의료 관계자

빅토리아 왕조 시대의 의료 현장은 주로 세 부류의 의료 관계자가 담당하고 있었다. 그 중에서도 가장 권위가 있었던 사람이 내과의다. 닥터라고 불렸으며 **상류 계층** 사람들의 치료를 했다. 그러나 그들은 오로지 문진만 했으며 그 지식 또한 고전에 충실한 시대착오적인 것이었다고 한다. 그 다음으로 권위가 있었던 사람이 외과의였다. 내과의가 하지 않는 「환자에게 직접 손을 대는」 의술을 전문으로 하고 있었다. 그래서 닥터가 아니라 미스터라고 불리며 대우도 이류 대접이었지만 의료 기술이 발달하면서 점점 세력이 늘어갔다. 결국 기술을 원하는 내과의와 권위를 원하는 외과의 사이에 커뮤니케이션이 활발해져 양쪽을 구별하기가 어려워진 듯 했다. 마지막은 약사로 의사의 손이 닿지 않는 계층의 사람들을 치료했다. 원래 역할은 처방전에 따라 조제를 하는 것이지만 내과의가 없는 지역에서는 의료 행위도 했다고 한다. 저택에서 병이 난 사용인들을 치료하기 위해서 약사를 부르는 경우가 많았다. 그러나 나중에는 고용주가 출자한 병원에서 주로 치료를 한 듯 했다.

## 빅토리아 왕조의 의사

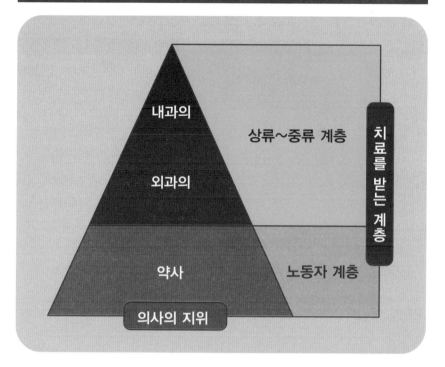

내과의

외과의

약사

의사의 지위

상류~중류 계층

노동자 계층

치료를 받는 계층

## 당시 의료 현장에서의 주요 사건

| 연대 | 사건 |
|---|---|
| 1842년 | 크로퍼드 롱(미국)이 클로로포름을 사용해 최초로 수술에 마취를 이용했다. |
| 1853년 | 플로렌스 나이팅게일이 최초의 간호 학교를 설립했다. |
| 1857년 | 빅토리아 여왕이 클로로포름을 사용한 무통 분만을 했다. 이후 클로로포름이 폭넓게 사용되었다. |
| 1865년 | 루이 파스퇴르(프랑스)의 지도로 조지프 리스터가 페놀로 소독을 시작. |
| 1870년 | 루이 파스퇴르와 로버트 코흐(독일)가 병의 병원균설을 확립. |

관련항목

●상류 계층→No.014

# 빅토리아 왕조의 남성 패션

화려한 복장에서 완전히 바뀌어 수수하면서도 세련되게 변한 빅토리아 왕조의 남성 패션. 현대의 신사복의 원형이었다.

## ● 빅토리아 왕조의 남성 패션

빅토리아 왕조의 남성 패션은 그때까지의 화려한 것에 비해 어두운 색조의 세련된 스타일로 변화하고 있었다. 당시 **상류 계층**이 최소한 가지고 있어야 한다고 여겨졌던 것이 검정색이나 감색 모닝 코트, 프록 코트<sup>Frock Coat</sup>, 드레스 코트, 오버 코트 이렇게 4종류였다. 셔츠는 흰색 리넨으로 만든 것으로 옷깃은 요즘처럼 접지 않았기 때문에 상당히 갑갑했다고 한다. 다음은 베스트로 흰색이나 검정색으로 장식이 없는 버튼이 달려 있는 것을 선호했던 듯 하다. 속바지는 19세기 초까지 브리치스<sup>Breeches</sup>라고 불리던 반바지를 입었지만 점점 판탈롱이나 바지를 입게 되었다. 그리고 19세기 중반부터 상류 계층의 남성은 장갑을 늘 가지고 다니는 것이 일반적이 되었다. 색상은 흰색을 선호했지만 그 중에는 라일락빛의 장갑을 하는 사람도 있었던 듯 하다. 넥타이는 흰색 나비 넥타이가 일반적으로 여기에 굴뚝형 검정색 실크 해트를 맞추어 전체 코디를 해서 세련됨을 표현하는 것이 당시의 일반적인 복장이었다.

신발은 남성들의 경제 상황에 대한 지표가 되었으므로 상당히 신경을 많이 썼던 듯 하다. 헤시안 부츠<sup>Hessian Boots</sup> 혹은 웰링턴 부츠가 일반적으로 색은 검정이 정식으로 여겨졌다. 또한 당시 신사 패션에 빠질 수 없는 것 중 하나가 스틱이었다. 스틱은 다른 패션에 맞추어 슬림한 몸매를 돋보이게 하기 위한 역할을 했지만 원래는 그들이 손을 쓸 필요가 없는 계층이라는 것을 나타내는 장치이기도 했다. 시대가 흘러가면서 중산모자나 현재 신사복의 원형인 디토 수트*라는 옷이 등장하지만 이들은 어디까지나 캐주얼한 복장으로 그대로 외출하거나 사람을 만나는 것은 예의 없는 행동으로 취급했다. 여성의 패션에 비해서 남성의 패션은 상당히 보수적이었다.

---

*편집부 주 : (상·하의의 색이)같다(Ditto)에서 유래한 말로 라운지 수트(Lounge Suit)라고도 불린다. 현대적 정장의 직접적인 원형.

## 대표적인 4종류의 코트

### 모닝 코트

처음에는 정장으로 인정받지 못했지만 빅토리아 왕조 중반을 지날 즈음에 정장으로 인정을 받았다.

### 프록 코트

당시의 정장 중 하나. 원형 자체는 16세기부터 있었지만 현재의 모양이 된 것은 19세기에 들어서부터다.

### 드레스 코트

이른바 연미복이다. 이브닝 드레스 코트라고도 한다. 이름대로 저녁 모임 때 입는 정장이었다.

### 오버 코트

이른바 방한복이다. 실제로는 다양한 디자인이 존재한다.

## 그 외 장신구

빅토리아 왕조 초기의 셔츠는 옷깃을 접지 않는다.

베스트는 흰색이 일반적이다. 그 이외는 품위가 없다고 여겼다.

무릎까지 오는 웰링턴 부츠나 헤시안 부츠가 일반적이었다.

정장일 때는 실크 해트를 착용한다. 그러나 그 외에는 볼러 해트 등도 썼다.

지팡이는 신사의 증거. 이 시대에는 휴대할 수 없는 검 대신이기도 했다. 경제적인 지표가 되므로 상당히 잘 만든 것이 많다.

관련항목
● 상류 계층→No.014
● 빅토리아 왕조의 여성 패션→No.026
● 귀족→No.089

# 빅토리아 왕조의 여성 패션

앞 시대에서부터 큰 변화를 거친 여성 패션. 상류 계층 여성들은 어떤 의상을 입었을까?

## ● 빅토리아 왕조의 숙녀 패션

빅토리아 왕조의 여성 패션은 이전까지의 몸에 밀착한 것과는 거리가 멀고 극단적으로 노출을 억제했다. 특히 손발의 노출은 엄격히 금지되었으며 장딴지를 보이는 것은 졸도할 정도로 상스러운 것이었다고 한다. 목도 긴 옷깃으로 덮고 피부를 노출하는 부분은 거의 없었다. 또한 화장도 매춘부가 하는 것이라고 해서 하는 사람이 적은 듯 했다.

당시 여성의 이상적인 체형은 모래시계처럼 잘록한 허리를 가지는 것으로 초기에는 페티코트를 껴입어 스커트를 부풀렸다. 그러나 1850년대에 들어서면서 말의 털과 철의 심으로 만들어 스커트를 부풀리는 바구니 모양의 크리놀린Crinoline이 등장한다. 크리놀린은 이전의 드레스에 비해서 훨씬 가볍다는 호평을 들었지만 크기를 경쟁하는 지나친 유행과 각종 해악으로 갑자기 모습을 감추었다. 대신 버슬Bustle 스타일이라고 해서 엉덩이를 강조하는 패션이 등장하지만 크리놀린처럼 허리를 감추지는 않았기 때문에 여성들은 코르셋으로 허리를 꽉 조여 주는 타이트 레이싱에 열중하게 된다.

그러나 이러한 유행도 빅토리아 왕조 말기에는 시들해져서 여성의 복장은 상반신을 강조한 합리적인 스타일로 변해간다. 또한 피부 노출에 대한 거부감도 점점 사라지고 사교계에는 가슴을 크게 드러낸 드레스도 등장하게 되었다. 모자, 신발, 우산 등도 당시 여성 패션을 얘기할 때 빼놓을 수 없는 요소다. 이들은 여성들의 경제 상황을 나타내는 척도였으며 돈을 들여서 유행의 최첨단을 달려야 했다. 빅토리아 왕조를 전반적으로 볼 때 가장 인기가 많았던 신발은 부츠다. 처음에는 굽이 낮은 수수한 부츠가 많았지만 점점 화려한 하이힐이 유행하게 되었고 극단적으로 높은 하이힐 때문에 매우 고생했다고 한다.

## 여성 패션의 변천

크리놀린　버슬　타이트 레이싱　합리적인 복장 등

빅토리아 왕조의 여성 패션은 잘록한 허리 곡선을 강조하는 것과 노출을 자제하는 것에 주안점을 두었다. 하반신을 강조한 크리놀린, 엉덩이를 강조한 버슬, 극단적으로 허리를 꽉 조인 타이트 레이싱으로 변천하지만 결국 사람들은 부자연스러움을 뺀 합리적인 복장을 선택하게 되었다

## 그 외 장신구

모자는 쓰는 사람의 경제적인 지표가 되므로 최신 유행을 쫓았다.

장갑은 상류 계층의 증거로 밖에서만이 아니라 실내에서도 끼고 있었다.

우산을 드는 것도 상류 계층의 증거. 특히 양산은 마차를 타는 신분임을 나타냈다.

빅토리아 왕조의 신발은 부츠가 일반적이었다. 하이힐과 끈을 ×자로 묶어 올라가는 목이 긴 부츠가 인기였다.

관련항목

● 상류 계층→No.014

● 귀족→No.089

# 빅토리아 왕조의 통화와 그 가치

빅토리아 왕조의 사용인의 역사를 풀어갈 때 알아야 할 것이 당시의 화폐 가치와 유통 조건이다.

## ● 복잡한 통화 제도

빅토리아 왕조의 생활을 더욱 이해하기 위해서는 당시 화폐 단위를 이해할 필요가 있다. 당시 영국의 통화 제도는 파운드, 실링, 펜스, 파딩이 기본이었다. 1968년까지 1파운드가 20실링, 1실링은 12펜스, 1펜스는 4파딩Farthing으로 20진법과 12진법이 혼용되어 지금 봐도 상당히 이해하기 어려운 구성이다(현재는 1파운드가 20실링, 1실링이 5펜스). 게다가 여러 가지 가치를 가진 은행권, 화폐가 동시에 유통된 것도 당시의 통화 제도가 복잡했던 원인 중 하나였다. 그 예로 당시 유통되고 있던 화폐를 보자. 1소브린과 반 소브린은 금화로 1소브린 금화는 1파운드의 가치가 있다. 1크라운, 반 크라운, 1플로린, 1실링, 6펜스, 3펜스는 은화로 크라운 은화는 1장에 5실링의 가치가 있고 플로린 은화는 1장에 2실링이다. 1펜스, 반 펜스, 1파딩은 1860년까지는 동으로 만든 화폐였지만 그 이후는 청동 화폐를 사용했다. 파운드와 같이 많이 사용되었던 기니 금화는 기니산 금으로 만든 금화를 말한다. 1기니는 1파운드 1실링으로 파운드보다 가치가 조금 더 높아서 상류 계층 사람들은 노골적으로 팁을 바라지 않으면 이 금화로 팁을 주기도 했다고 한다. 그래서

19세기 초에 제조가 중지한 이후에도 **상류 계층**이 상인과 거래를 할 때는 화폐로 사용되기도 했다. 당시 화폐 가치를 현대의 화폐로 환산하는 데에는 여러 가지 의견이 있으므로 한 가지로 정리하는 것은 불가능하다. 물건의 가치 자체가 시대에 따라 변하므로 지표가 될 만한 것도 없다. 그러나 억지로 끼워 맞춰보면 대체로 1파운드가 현재의 100,000~600,000원 정도에 해당될 것이다.

## 빅토리아 왕조의 화폐 가치

| 화 폐 | 가 치 | 호 칭 | 비 고 |
|---|---|---|---|
| 1기니 | 1파운드 1실링 | 금화 | 기니산 금으로 만든 금화이며 주로 상류 계층 상대의 상인에게 사용했다. 19세기 초에 제조 중지. |
| 1소브린 | 1파운드 | 금화 | |
| 반 소브린 | 10실링 | 금화 | |
| 1크라운 | 5실링 | 은화 | 현재는 25펜스 상당 |
| 반 크라운 | 2실링 6펜스 | 은화 | |
| 1플로린 | 2시링 | 은화 | 현재는 10펜스 상당 |
| 1실링 | 1실링 | 은화 | 현재는 백동화 |
| 6펜스 | 6펜스 | 은화 | 현재는 니켈화 |
| 3펜스 | 3펜스 | 은화 | 현재는 황동화 |
| 1펜스 | 1펜스 | 동화 | 현재는 적동화 |
| 반 펜스 | 2파딩 | 동화 | 현재는 적동화 |
| 1파딩 | 1파딩 | 동화 | 1860년 이후 청동화로 변경, 현재는 폐지 |

### 1868년까지의 통화 제도

1파운드 = 20실링

1실링 = 12펜스

1펜스 = 4파딩

### 현재의 통화 제도

1파운드 = 20실링

1실링 = 5펜스

1961년에 파딩은 폐지

※ 당시 화폐 가치를 현재의 환율에 대입하기란 상당히 어렵지만 억지로 대입해 보면 1파운드가 100,000~600,000원 상당으로 환산할 수 있다.

관련항목

● 상류 계층→No.014

# 빅토리아 왕조의 오락

다양한 분야가 발달하고 물질적으로도 풍족해진 빅토리아 왕조. 당연히 오락도 다양한 것이 개발되었다.

## ● 빅토리아 왕조 사람들의 오락

빅토리아 왕조 때, 가장 인기가 많았던 오락은 여행일 것이다. 교통 기관의 발달로 서민도 즐기게 된 이 오락은 런던 만국 박람회를 계기로 해수욕이나 동물원, 당일치기 여행 등 다양한 놀거리로 사람들에게 즐거움을 제공했다고 한다. 하지만 서민들과 같은 오락을 즐길 수 없다고 생각했던 **상류 계층**은 한 단계 높은 오락을 추구하게 되어 서민과 상류 계층의 오락은 양극화되어 갔다. 시내에서의 오락은 커피 하우스, 퍼브, 극장, 뮤직홀 등을 들 수 있다. 노동자들은 주말에 퍼브에서 피곤을 풀고 싼 극장에서 희극을 보며 즐거워했다. 상류 계층은 극장 관람석을 1년 단위로 빌려서 보고 싶을 때마다 가서 보는 듯 했다.

오락으로서 스포츠의 발달도 **빼놓을** 수 없다. 관전 스포츠로서 먼저 복싱을 들 수 있다. 처음에는 거칠기만 한 싸움이었지만 규칙이 확립되면서 점차 세련되어져 신사들이 구경하는데 만족할 만한 스포츠로 인식되어져 갔다. 경마도 상류 계층의 즐거움 중 하나였으며 가끔 도박의 대상이 되기도 했다. 스스로 몸을 움직이는 스포츠로서는 상류 계층의 수렵을 들 수 있다. 또한 시대가 지나면서 여성을 중심으로 사이클링이 대유행이었고 이는 서민들에게도 인기가 있었다.

그러나 건전한 오락만 있었던 것은 아니다. 대중 오락으로 동물을 이용한 음산한 도박이 꾸준히 인기를 얻었다. 또한 공개 처형은 상류 계층, **노동자 계층** 모두에게 인기가 있는 구경거리 중 하나였다고 한다. 게다가 당시 살인 사건, 가십을 다룬 저속한 잡지도 인기가 있어서 어떨 때는 상류 계층 사람들이 사용인을 시켜서 구입하기도 했다. 남성들 사이에서는 매춘부의 인기도 높아서 빅토리아 왕조의 엄격한 윤리를 콧방귀라도 끼듯 신사들은 매일 환락가를 드나들었다.

## 빅토리아 왕조의 주요 오락

## 오락의 양극화

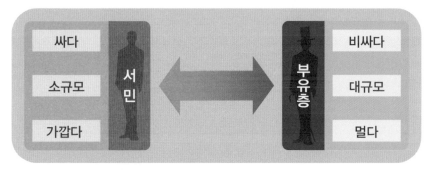

# 빅토리아 왕조의 교육

다양한 기술과 제도가 혁신적인 발전을 이룬 빅토리아 왕조. 그러면 그 발전의 기반이 되는 교육은 어떤 것이었을까?

## ● 빅토리아 왕조의 교육에 대해서

빅토리아 왕조 초기에는 교육이란 특권이었다. 그래서 **상류 계층**의 자녀들은 공개된 장소에서 학문을 배우지 않고 가정교사에게 교육을 받았다고 한다. 또한 일반 서민은 자신의 직업에 관한 것 이외의 지식은 필요 없다고 생각했으며 때때로 해악이라고까지 취급한 듯 했다. 케임브리지, 옥스퍼드와 같은 현재 최고 학부도 원래 성직자를 교육하기 위한 기관일 뿐이었다. 그러나 이들 학교는 출신 계층에 제한을 두지 않아서 유력한 스폰서를 구하거나 장학금을 받아 출세의 길을 개척하기 위한 수단으로서 각광을 받았다. 결국 이러한 사회상으로 이들 학교에 입학하기 위한 준비 기관으로서 전문 기숙 학교가 창설되었다. 현재의 명문 기숙 학교 대부분이 이 시기에 세워진 것이다.

빅토리아 왕조 중기에 들어서면서 세력이 커진 **중류 계층**은 자식들을 명문 기숙 학교에 보내려고 했었다. 그러나 그곳은 이미 인맥으로 묶여진 상류 계층의 교육 장소가 되어 있었다. 그래서 중류 계층을 위한 기숙 학교가 우후죽순으로 생겨났지만 돈벌이가 주요 목적이었기 때문에 교육 환경으로서는 최악이었다.

한편 그러한 학교에조차 들어갈 수 없는 계층은 사적인 기부 등을 통해서 설립된 자선 학교에 자식들을 보낸 듯 했다. 그러나 자선이란 이름뿐으로 복종을 강요한 교육 방침과 차별 대우 등으로 문제가 많았다고 한다. 그렇다고는 해도 그런 교육조차 받을 수 있는 사람은 드물었으며 대부분의 **노동자 계층**은 아이들을 학교에 보내기보다는 집안 살림을 위해서 일을 시켰다. 교육이 진정한 의미에서 서민의 것이 된 것은 국가에 의한 공공 교육 제도가 성립된 1807년부터였다.

## 19세기 초까지의 교육

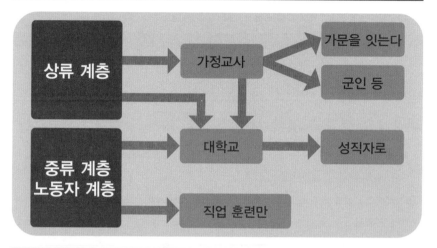

## 빅토리아 왕조의 교육

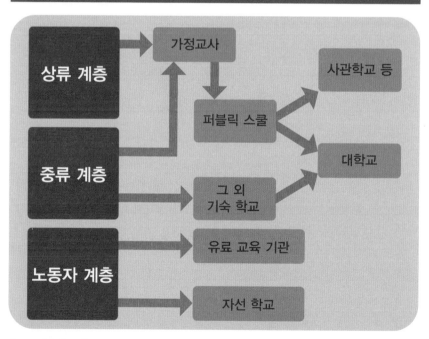

# 빅토리아 왕조의 상점과 쇼핑

사용인들의 일상 중 하나가 장보기다. 빅토리아 왕조에서는 요즘과는 조금 다른 형태의 쇼핑 문화가 있었다.

## ● 여러 계층과 다양한 상점

당시 도시 주민은 일상적인 쇼핑을 대부분 **거리 상인**에게서 해결했다. 거리 상인들은 참으로 다양한 상품을 취급하고 있었으며 사치스러운 것만 찾지 않는다면 충분히 좋은 물건도 살 수 있었다. 거리 상인 이외에 개인 상점에서 물건을 사는 경우도 많았다. 그러나 이러한 상점은 전문 상품을 취급하며 한 곳에 모여 있지 않고 시내 곳곳에 떨어져 있어서 일상 잡화를 사려면 시간이 꽤 걸렸다. 그래서 대도시에서는 아케이드 거리가 형성되었다. 한 지붕 아래 다양한 상품을 두루 갖춘 아케이드는 그 편리함 때문에 서민들에게 인기가 많았다. 1851년이 되면서 런던 만국 박람회와 산업혁명의 호경기로 백화점도 탄생했고 **상류 계층**에서 **중류 계층**까지 많은 사람들이 찾아왔다. 또한 1830년대부터는 이전의 구두로 가격을 흥정하는 것에서 상품의 가격표대로 가격을 지불하는 형식으로 현재 상점과 비슷한 판매 형태로 바뀌었다. 하지만 상류 계층은 변함없이 전문점이나 방문 판매를 하는 단골 상인을 통해서 물건을 구입했고 지불도 청구서를 받은 후에 지불한 듯 했다.

시골에서는 동네 상점을 이용하거나 행상인을 통해서 사는 경우가 대부분이었다. 어느 정도의 수입이 있는 사람들 사이에서는 통신 판매도 이루어졌다고 한다. 여관 주인에게 부탁해 여관으로 물건을 운반하는 짐마차에 편승하는 형태를 취하고 있었는데 1880년대에는 대형 점포가 통신 판매 전문 부문을 만들었다. 19세기 초에는 한 달에 몇 번 열린 시장이 도시는 물론 시골에서도 일반적인 쇼핑 장소가 되었던 듯 하다. 특히 1년에 한 번 열리는 수확제에 맞추어 개최되는 페어는 일종의 축제로 많은 사람들에게 오락 거리를 제공했다고 한다. 그러나 19세기에 접어들어서는 이동 수단이 발달하여 개인 상점 등이 충실해지면서 점점 쇠퇴의 길을 걸었다.

## 도시에서의 쇼핑

### 거리의 상인
거리에 나오면 각종 상품을 취급하는 상인들이 있다. 싸다는 점이 매력적이지만 신용할 수 없는 상품도 많다.

### 백화점
빅토리아 왕조 중기부터 나타났다. 다양한 물건을 갖추고 있지만 상류 계층을 상대로 했으므로 가격이 비싸다.

### 개인 상점
전문점이 많고 필요한 것을 갖추고 있기 때문에 필요한 것을 사려면 여러 가게를 돌아야 한다.

### 아케이드 거리
한 지붕 아래에 각 점포가 모여 있어서 편리하다. 윈도우 쇼핑도 그 매력 중 하나다.

※1830년대 이전에는 별도의 가격표가 붙지 않았으며 구두로 가격을 흥정했다.

## 시골에서의 쇼핑

### 행상인
지방에서는 살 수 없는 것을 살 수 있어서 좋다.

### 통신 판매
부자들을 위한 것. 처음에는 여관 주인 등이 부업으로 했지만 나중에는 대형 점포가 나타나 전문 부문을 갖추게 되었다.

### 시 장
한 달에 몇 번 열린다. 여러 가지 물건을 구입할 수 있고 축제 같은 요소도 갖추고 있으므로 사람들은 시장이 열리기를 고대하고 있었다.

### 지역 상점, 직인
항상 물건을 구입할 수 있지만 물건에 따라서는 비싼 경우도 있다.

관련항목
- 상류 계층→No.014
- 중류 계층→No.015
- 빅토리아 왕조의 운송 수단과 교통 수단→No.031
- 거리의 상인→No.094

# 빅토리아 왕조의 운송 수단과 교통 수단

빅토리아 왕조라고 하면 응당 마차일 것이라는 이미지가 강하다. 그러나 당시의 교통 수단은 현대의 교통 수단과 크게 다르지 않을 정도로 잘 정비되어 있었다.

## ● 빅토리아 왕조의 교통 수단의 변천

빅토리아 왕조의 교통 수단으로 먼저 마차를 꼽을 수 있을 것이다. 그러나 마차를 소유하기에는 상당히 많은 수입이 필요했기 때문에 개인 소유의 마차는 **상류 계층**의 상징이나 다름 없었다. 그래서 서민들이 사용한 것이 해크니<sup>Hackney</sup>와 같은 전세 마차나, 옴니버스와 같은 승합마차였다. 그러나 전세 마차 대부분은 요금이 꽤 비싸고 **마부**<sup>Coachman</sup>의 태도도 거만했다. 한편 승합마차는 요금이 싸고 계층에 따른 차별 개념이 없었으므로 폭넓은 층에게 인기가 있었다. 그래서인지 최종적으로 전세 마차는 승합마차에 밀려서 점점 그 수가 줄었다고 한다. 런던처럼 큰 강이 있는 도시에서는 배도 교통 수단으로 이용되었다. 보통 강가까지 계단으로 내려갈 수 있도록 되어 있어서 거기에서 나룻배를 불러 목적지까지 갔다. 가격도 싸고 서민들이 쉽게 이용할 수 있는 교통 수단이었던 듯 하다. 강을 통한 장거리 여행의 경우 증기선도 이용되었다. 마차에 비해 정체로 막힐 염려도 없고 어느 정도의 속도로 운행하고 있었으므로 빅토리아 왕조 초기에는 특히 인기가 많았다고 한다. 그러나 철도가 발달하면서 그 역할을 대신하게 되어 증기선은 점차 사라졌다.

1840년대에 일반에게 개방된 철도는 당시에는 상류 계층의 교통 수단일 뿐이었던 것 같다. 그러나 1860년대가 되어서 지하철이 개통되어 노동자를 위한 할인 요금이 적용되어 통근용으로 많은 사람들이 이용하게 되었다. 서민이 탈 수 있는 이등, 삼등 열차의 환경은 열악했다. 삼등 열차는 지붕조차 없었다고 하지만 그래도 철도를 이용한 장거리 이동은 매력적이었다.

## 빅토리아 왕조의 운송 수단과 교통 수단

### 전세 마차

자가용 마차가 없는 사람들의 발이 되어준 마차. 그러나 마부의 태도가 거만하고 요금이 비싸서 점점 승합마차에게 그 자리를 빼앗겼다.

### 승합마차

지정된 노선을 왕복하는 마차. 전세 마차보다도 요금이 싸고 계층에 따른 차별도 없었으므로 많은 사람들이 이용했다.

### 나룻배와 증기선

런던처럼 강이 많은 도시에서 나룻배는 중요한 교통 수단이었다. 장거리 이동에는 증기선을 많이 이용했지만 결국 철도에 그 지위를 빼앗겼다.

### 철도

처음에는 상류 계층만을 위한 교통 수단이었지만 이등, 삼등 열차 배치, 시 하철 개통, 노동자를 위한 할인 도입 등으로 서민들이 많이 이용하게 되었다.

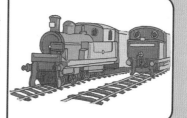

관련항목

- ●상류 계층→No.014
- ●중류 계층→No.015
- ●마부→No.063
- ●노동자 계층→No.016

# 빅토리아 왕조의 군대

빅토리아 왕조의 번영을 지탱해온 군인들. 화려한 겉모습과는 달리 그들에게는 그들 나름의 고생이 있었던 것 같다.

## ● 빅토리아 왕조의 육군

당시 육군은 육군 대령이 지휘하는 연대를 중심으로 구성되어 있었다. 800명 정도의 인원으로 구성된 연대는 10개 정도의 중대로 나누어 각각을 대위가 지휘했다. 육군에서 가장 격조가 높은 곳은 근위부대였는데 보병 연대와 기병 연대로 구성되어 있었다. 또한 귀족처럼 말을 타고 화려한 의상을 입은 기병도 인기가 많아 서민 여성들의 동경의 대상이었다고 한다. 육해군에 사관학교제도가 도입된 19세기 후반 이전까지 육군 사관의 임관은 금전으로 거래되었다. 그러나 지위에 상응한 생활을 하는 것이 의무이므로 오히려 생활을 유지하는 것이 힘들었던 듯 하다. 그래서 가난한 사람은 하사관이 되든지 싼 지위를 사서 인도로 떠날 수밖에 없었다. 일반 병사에 대한 대우도 좋지 않아서 지방 주점 등을 빌려 병영 생활을 했다. 식사는 질도 안 좋았지만 그나마도 하루에 두 번밖에 제공되지 않았다.

## ● 빅토리아 왕조의 해군

당시 해군은 전열을 기본 단위로 하고 전열함Ship of the Line이라고 불리우는 군함으로 구성되어 있었다. 전열은 세 개의 소함대로 나누어 선두를 해군 중장, 중앙을 해군 대장, 마지막 꼬리를 해군 소장이 지휘했다. 각각의 함선은 해군 대령이 지휘하고 현장에서의 중노동은 해군 병사들이 했다. 해군 사관은 대령까지는 인맥으로 올라가고 그 이후는 엄격한 연공서열에 따라 계급이 결정되었다고 한다. 게다가 육군처럼 금전이 필요하지는 않았으므로 가난한 사람에게 해군 쪽이 출세의 기회가 있었다.

또한 일반 병사는 지원병 제도가 도입될 때까지 항구에 있는 선원을 억지로 스카우트하는 경우가 많은 듯 했다. 그들은 강제로 군함의 승조원으로 편입되었고 필요가 없어지면 사전에 아무런 신원 보장도 없이 항구에 버려졌다고 한다.

## 영국 육군의 기본 구성

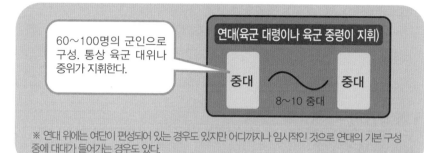

60~100명의 군인으로 구성. 통상 육군 대위나 중위가 지휘한다.

연대(육군 대령이나 육군 중령이 지휘)

중대 ～ 중대

8~10 중대

※ 연대 위에는 여단이 편성되어 있는 경우도 있지만 어디까지나 임시적인 것으로 연대의 기본 구성 중에 대대가 들어가는 경우도 있다.

## 영국 해군의 기본 구성

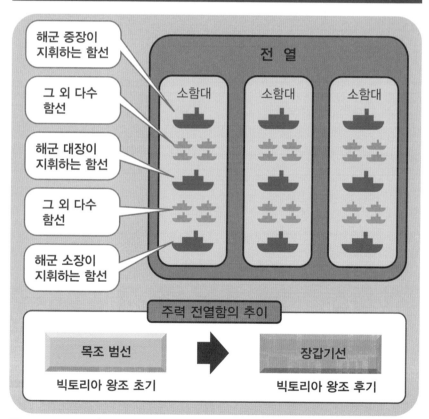

해군 중장이 지휘하는 함선

그 외 다수 함선

해군 대장이 지휘하는 함선

그 외 다수 함선

해군 소장이 지휘하는 함선

전 열

소함대 소함대 소함대

주력 전열함의 추이

목조 범선 → 장갑기선

빅토리아 왕조 초기　　　빅토리아 왕조 후기

관련항목
●육군 병사→No.092

# 말투로 알 수 있는 계층

현대를 사는 우리들의 경우 그 인물의 출신 지역 등을 암시하는데 그치는 정도로만 인식하는 사투리나 방언이지만 영국에서는 그것이 출신 계층을 나타냈으며 경우에 따라서는 출세에 영향을 미치기도 했다.

## ● 영국에서의 계층과 말투

한국이나 일본에서는 거의 의식하지 않지만 많은 다른 나라의 경우 말투와 계층은 아주 밀접한 관계가 있다. 특히 영국에서는 「말투로 계층을 알 수 있다」고 할 정도로 출신 계층에 따라 말투가 달랐다. 현재 표준 영어라고 하는 킹스 잉글리시는 이른바 **상류 계층**이 용인한 말이다. 상류 계층의 원래 말투와 아주 똑같은 것은 아니지만 그래도 그들에게 있어 허용 범위에 들어간다는 의미다. 사람들은 출신 계층이 위일수록 표준 영어에 가까운 말투를 쓰고 아래로 갈수록 사투리와 방언이 많은 말투를 썼다.

이것이 단순히 계층의 차이를 나타내는 것이라면 별 문제가 되지 않았으나 이러한 차이 그 자체가 힘을 가지고 있었다는 점이 나쁘게 작용했다. 즉 출세를 하려고 한다면 반드시 이들의 표준 말투를 익혀야만 했던 것이다.

## ● 사용인과 말투

당연히 사용인들도 이러한 말투의 문제에 직면해 있었다. 특히 **하인**Valet과 안주인의 **직속 시녀**Lady's maid처럼 고용주와 대화를 하는 경우가 많은 직업에서 말투는 꼭 짚고 넘어가야 할 문제였다. 경우에 따라서는 말투가 고용 이유가 되기도 했다. 그래서 당시 사용인들이 읽는 가정서 등에는 조잡한 말투와 올바른 말투를 비교하고 올바른 말투를 배우도록 하고 있다.

그리고 이것이 사용인들에게 득이 되는 경우도 많았다. 제대로 된 말투의 사용은 고용 시 우대 조건이기도 했으며 무엇보다도 출신 계층에 따른 차별을 받지 않았다.

## 사회적 지위와 언어의 관계

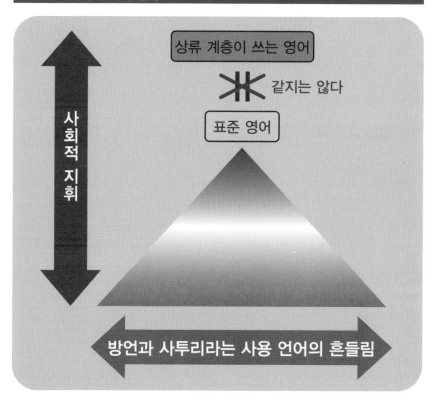

상류 계층이 쓰는 영어

※ 같지는 않다

표준 영어

사회적 지휘

방언과 사투리라는 사용 언어의 흔들림

## 계층별 언어 표현의 예

| 계 층 | 점 심 | 저 녁 | 디저트 |
|---|---|---|---|
| 상류 계층 | Lunch | Dinner | Dessert |
| 중류 계층 | Lunch | Supper | Dessert |
| 노동자 계층 | Dinner | Tea | Sweet |

※ 표는 어디까지나 현대 영어에서의 표현. 디저트에 관해서는 상류 계층이
　Sweet라고 쓰던 시대도 있었다.

관련항목
● 상류 계층→No.014
● 중류 계층→No.015
● 노동자 계층→No.016
● 직속 시녀→No.043
● 하인→No.060

# 여성의 사회 진출

시대의 변혁과 회고가 교착하는 빅토리아 왕조 시대. 여성의 사회 진출은 이러한 시대 배경에 의한 것이었다.

## ● 여성들의 빅토리아 왕조

「19세기는 여성의 세기가 아니었다」고 근대 간호사의 어머니라고 불리는 플로렌스 나이팅게일이 탄식했듯이 19세기 대부분의 기간이 여성, 특히 **중류 계층**의 여성에게는 상당히 어려운 시절이었다. 빅토리아 왕조 내내 유지되었던 「가정의 천사」라는 이데올로기가 여성들을 정치, 고등 교육, 직업 선택의 자유라는 사회적 활동으로부터 멀어지게 만들었다. 그래서 여성들의 활동 의욕은 「가정」이라고 하는 틀 안에서 생각할 수 있었던 자선 활동 등의 제한된 방법으로만 발산할 수 있었다고 한다.

이러한 흐름에 변화가 나타나기 시작한 것은 1870년대에 들어서면서부터다. 여성의 자립을 방해했던 혼인법에 기초한 재산 상실이 개정되었으며 케임브리지 대학의 문호가 개방되는 등 고등 교육을 받을 수 있는 기회도 생겼다. 또한 1860년대부터 적극적으로 활동을 해온 나이팅게일의 노력으로 간호사라는 직업이 사회적으로 존경을 받게 되었다. 1880년대가 되면서 전화교환수, 타이피스트, **우편배달부**Postman 등 직업 선택 범위가 더욱 넓어져 중류 계층 여성들의 활동 범위는 단번에 넓어졌다. 게다가 여성들의 사회 진출은 직업 분야에만 머물지 않고 당시 대중 문화를 배경으로 오락 분야에까지 넓어진다. 사이클링, 해수욕, 양궁 등의 야외 스포츠에 열중하는 당시 여성들의 모습이 사진 자료로 많이 남아 있다. 또한 많은 여성 독자들 덕분에 소설이 크게 유행하게 되었다. 이렇게 19세기말의 영국은 여성의 사회 진출의 토양을 천천히 그리고 확실하게 다져갔다. 하지만 여성에게 참정권이 주어진 것은 훨씬 훗날의 일이며 30세 이상의 여성에게 투표가 인정된 것은 1918년, 20세 이상의 보통 선거가 실현된 것은 1928년부터이다.

## 빅토리아 왕조의 여성을 둘러싼 환경

### 당시의 여성 상황

참정권이 없다

직업 선택의 폭이 좁다

경제적인 자립이 허용되지 않는다

「가정의 천사」 라는 가치관

결혼할 수 없는 여성의 증가

사회적 활동 의욕을 발산할 수 없는 것에 대한 불만

### 방문 구호 활동 등의 자선 활동 여성 해방 운동으로

## 빅토리아 왕조 후기에 일어난 변화

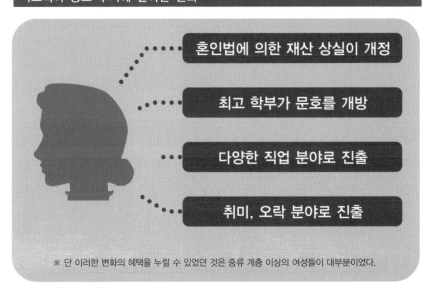

혼인법에 의한 재산 상실이 개정

최고 학부가 문호를 개방

다양한 직업 분야로 진출

취미, 오락 분야로 진출

※ 단 이러한 변화의 혜택을 누릴 수 있었던 것은 중류 계층 이상의 여성들이 대부분이었다.

# 여성용 잡지와 지침서의 유행

혁신과 발전, 그리고 전통이 교착하는 빅토리아 왕조. 출판 업계를 포함한 매스컴도 예외는 아니었다.

## ● 여성지의 유행

19세기 중기는 앞서 말한 대로 매스컴이 힘을 가지게 된 시대였다. 인쇄 기술의 발달과 출판과 관련된 여러 세금이 감세되며 신문과 잡지, 그 외 각종 출판물이 나오게 되었다. 이러한 흐름 속에서 **중류 계층** 여성을 대상으로 한 새로운 타입의 대중잡지가 창간되었다.

1852년에 사무엘 비튼Samuel Orchart Beeton이 창간한 잡지 『영국 부인의 가정 잡지The Englishwomen's Domestic Magazine』는 여성지의 개척자라고도 할 수 있다. 내용은 요리의 레시피부터 패션, 독자 투고 코너 등 현대의 여성지와 거의 비슷한 구성이었다. 1859년에는 부인인 이자벨라 비튼Isabella Mary Beeton이 연재를 시작하면서 발행 부수는 5년 만에 5만부 이상이 되었다고 한다. 비튼 부인의 연재는 큰 호평을 받아 1861년에 『**비튼 부인의 가정서**Mrs Beeton's Book of Household Management』라는 제목의 단행본으로 출판되었다. 현재 사용인 연구를 할 때 중요한 자료로 영국에서는 성서 다음으로 인기가 있으며 지금도 인기가 많다. 이외에도 작가 오스카 와일드Oscar Wilde가 편집한 『여성의 세계The Women's World』나 『소녀자신』과 같은 잡지가 50개 이상 창간되어 중류 계층의 여성들에게 널리 읽혀졌다고 한다.

## ● 가정의 지침서

빅토리아 왕조에서는 여성지 이외에도 중류 계층 여성을 대상으로 한 책이 다수 출판되었다. 앞서 말한 『비튼 부인의 가정서』, 워렌 부인의 『연수입 200파운드로 생활하기』와 같은 가정에 관한 책. 사라 루이스의 『여성의 사명』, 사라 엘리스의 『영국의 여성들』과 같은 가정의 본질과 도덕에 관한 책 등 다양한 지침서가 있었으며 당시 여성들의 가치관 형성에 일조했다.

## 여성용 잡지, 지침서의 흐름

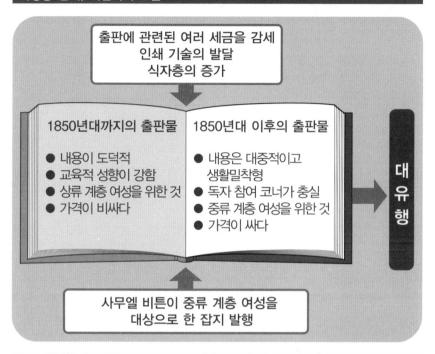

출판에 관련된 여러 세금을 감세
인쇄 기술의 발달
식자층의 증가

**1850년대까지의 출판물**

● 내용이 도덕적
● 교육적 성향이 강함
● 상류 계층 여성을 위한 것
● 가격이 비싸다

**1850년대 이후의 출판물**

● 내용은 대중적이고
  생활밀착형
● 독자 참여 코너가 충실
● 중류 계층 여성을 위한 것
● 가격이 싸다

대유행

사무엘 비튼이 중류 계층 여성을
대상으로 한 잡지 발행

## 당시의 주요 잡지, 지침서

| 여성 잡지 | 지침서 |
|---|---|
| 미녀의 모임(1806) | 가정의 의무, 젊은 주부에게 알려주는 가정 지침(1825) |
| 영국 부인의 가정 잡지(1852) | 영국의 여자들(1838) |
| 퀸(1861) | 여성의 사명(1839) |
| 소녀 자신(1880) | 비튼 부인의 가정서(1861) |
| 여성의 세계(1887) | 연수입 200파운드로 생활하기(1864) |

관련항목
● 중류 계층→No.015
● 「비튼 부인의 가정서」→No.105
● 빅토리아 왕조의 통화와 그 가치→No.027

# 사용인과 돌 하우스

요즘 어른들의 취미로 돌 하우스의 인기가 많습니다. 돌 하우스라고 해도 실제로 인형을 놓은 경우는 적고, 집의 모형이라고 생각하는 편이 옳겠지요. 일본에서도 애호가가 많으며 조금씩 가구 등을 갖추어 이상적인 집을 만들고 있는 사람들도 적지 않습니다. 그러나 그런 돌 하우스에 간소한 가구가 놓여진 사용인의 방이 있다는 사실을 알고 있는 분들이 얼마나 계실까요?

돌 하우스가 가장 유행한 것은 17세기에서 18세기까지입니다. 당시 돌 하우스를 만들었던 것은 실물과 똑같이 만드는 장인들이었습니다. 가구, 식기 등 내장품도 실물과 비슷하게 만들었다고 합니다. 현재 알려진 것 중에서 가장 오래된 돌 하우스는 독일제로 귀족이 딸을 위해서 만들게 한 것입니다. 영국에서 돌 하우스가 만들어지게 된 것은 17세기부터이며 이탈리아의 영향을 받아 만들게 되었다고 합니다. 현존하고 있는 영국의 돌 하우스 중에서 가장 오래된 것은 1691년에 부유층이 관상용 혹은 딸의 교육을 목적으로 만든 것이었습니다. 이미 어른들의 취미가 되어 버린 후에 돌 하우스가 수입된 일본에서는 이해하기 어려운 부분이겠지만 유럽 가정에서 돌 하우스는 아이에게 가정에 대한 공부를 시키기 위한 교재로서의 의미를 가지고 있었습니다. 아이들은 치밀하게 만들어진 가정 모형을 통해 가정의 기본을 배웠고 사용인들을 대하는 방법도 배웠습니다.

실제로 그런 시점에서 유럽의 오래된 돌 하우스를 보면 상당히 충실하게 당시 부유층의 집을 표현해 놓고 있다는 것을 이해할 수 있을 겁니다. 부엌에는 당시 부엌에서 사용하던 도구 대부분이 놓여 있고 증류실에는 도자기나 잼 등을 보존하는 선반이 있습니다. 입구의 로비에는 테이블과 의상을 거는 홀 스탠드가 있고 테이블 위에는 손님의 명함을 두는 은색 접시까지 갖추어져 있습니다. 대계단을 올라가면 그곳은 고용주들의 공간입니다. 침실과 아이들 방 등이 아주 자세하게 만들어져 있습니다. 더 재미있는 것은 아이들 방에는 돌 하우스의 미니어처까지 놓여 있다는 점입니다. 당연히 지하실에는 사용인의 홀이 만들어져 있고 지붕 아래의 방은 사용인들이 침실로 쓰도록 되어 있습니다. 이러한 방과 기구를 가지고 놀면서 아마도 어머니는 딸들에게 그 기능에 대해 설명했을 것입니다.

만약 여러분들이 실제로 돌 하우스를 볼 기회가 있다면 사용인의 방이 어디에 있었는지 또 그들이 어디서 어떻게 일하고 있었는지 상상해 보는 것도 재미있을 것 같습니다.

# 제 2 장
# 사용인과 고용주

# 사용인과 고용주의 관계

입장 차이가 컸던 사용인과 고용주. 그 배경에는 당시 계급주의적인 사상이 있었다.

## ● 다른 인종으로 보였던 사용인과 고용주

현재 사용인이라고 불리우는 사람들은 자유 계약을 바탕으로 인간으로서 평등한 입장에서 일을 하고 있다. 물론 고용하는 쪽과 고용되는 쪽은 힘의 관계라는 면에서는 큰 차이가 있을 지도 모른다. 그러나 그것은 어디까지나 동등한 사람들 사이의 일이다. 개인차는 있지만 빅토리아 왕조의 고용주 대부분은 사용인들을 이류 인간이라고 생각했던 같다. 그 중에는 사용인들이 그런 지위인 것은 신이 정한 운명이므로 그냥 받아들여야 한다고 생각하는 경우도 있었다고 한다. 사용인 자체가 그런 생각을 하는 경우도 있고 일이 힘들어서 울고 있는 여성 사용인에게 **집사**<sup>Butler</sup>가 「지금은 힘들어도 천국에서 보상받는다」고 하며 위로를 하기도 했다.

이러한 경향은 당시 사용인의 대한 처우 때문이었다. 예를 들어, 사용인은 특별히 전달해야 할 메시지가 없는 경우 외에는 먼저 고용주에게 말을 걸 수 없었다. 고용주가 말을 걸더라도 눈을 맞추지 않고 짧게 대답해야 한다. 고용주가 떨어뜨린 물건을 주웠을 때에도 직접 손으로 전달해서는 안 되며 반드시 트레이에 받쳐서 고용주에게 전달했다고 한다. 게다가 고용인의 눈에 띄는 일도 용서되지 않았다. 고용주에 따라서는 그 자리에서 바로 사용인을 해고하기도 했다. 그들의 침실이 부당하리만치 열악한 환경이었던 이유가 이러한 사고 방식 때문이었다. 현대를 살아가는 우리들의 감각으로 보면 도저히 이해할 수 없을 정도로 이상하다. 그러나 당시 사람들에게는 일상적인 일이었으며 **잡역부**<sup>Maid of all works</sup>인 하나 칼윅과 결혼한 아서 맨비조차도 이러한 사용인들의 열악한 업무 환경에 동정은 하지만 특별히 이상하다고 생각하거나 개선해야 할 사회적 잘못이라고는 생각하지 않았다.

## 당시 사람들의 계층에 대한 의식

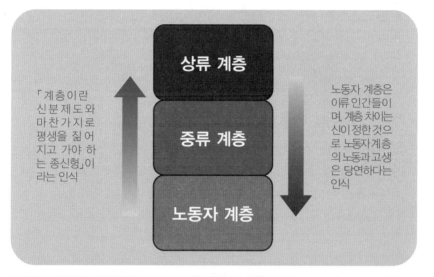

「계층이란 신분제도와 마찬가지로 평생을 짊어지고 가야 하는 종신형」이라는 인식

상류 계층

중류 계층

노동자 계층

노동자 계층은 이류 인간들이며, 계층 차이는 신이 정한 것으로 노동자계층의 노동과 고생은 당연하다는 인식

## 사용인과 고용주 사이의 대응 차이

고용주

특별히 먼저 인사할 필요는 없다.

이름을 기억하는 것이 귀찮으므로 역할로 결정한 이름으로 부른다.

이류 인간들이므로 침실 등 생활 공간을 신경 쓸 필요가 없다.

포식은 태만으로 이어지므로 사용인의 식사는 적게 정한다.

고용주와의 대화할 때 눈을 맞추지 않으며 먼저 말을 걸지 않는다.

물건은 직접 손으로 전달하지 않고 트레이에 올려서 전한다.

복도에서 만났다면 길을 터준다. 가능하면 벽 쪽을 보는 것이 좋다.

신사 숙녀가 일하는 곳으로 들어왔다면 반드시 서서 맞이한다.

사용인

관련항목

●사용인의 고용 방법→No.038
●잡역부→No.051

●집사→No.059
●유명한 메이드→No.108

# 사용인과 고용주의 이상적인 관계

빅토리아 왕조에서 고용주와 사용인의 관계는 지배자와 피지배자의 관계였다. 그러나 그러한 경계가 없는 이상적인 관계도 존재했다.

## ● 가족으로서의 사용인

이미 말했듯이 사용인과 고용주의 관계는 빅토리아 왕조 시대에 접어든 후에도 상의하달에 근거한 봉건적인 것이었다. 그러나 그러한 사용인과 고용주와의 관계 속에서도 서로 신뢰하는 관계가 존재했다. 여기서는 그러한 관계에 있었던 사용인들을 소개할까 한다.

가장 먼저 예로 들 수 있는 것이라면 영국 수상을 지낸 윈스턴 처칠의 **유모**Nanny, 에버레스트 부인Elizabeth Ann Everest의 경우일 것이다. 바쁜 부모 대신에 처칠을 따뜻하게 지켜준 에버레스트 부인은 처칠에게 있어서 없어서는 안 될 가족이었다. 처칠의 집안이 아버지의 방탕함으로 가세가 기울게 되었을 때도 처칠은 에버레스트 부인의 해고를 반대했었다. 그 후에도 처칠은 일을 그만둔 그녀에게 힘든 생활 속에서도 원조를 계속했다. 두 사람의 교류는 에버레스트 부인이 죽을 때까지 20년간 계속 되었으며 그녀의 사후에도 처칠은 그녀의 무덤을 관리하기 위한 비용을 계속 부담했다고 한다.

제인 칼라일이라는 부인의 경우는 조금 다른 관계의 예로 들 수 있다. 그녀는 **잡역부**Maid of all works로 고용한 샬롯 사우스엄Charlotte Southam을 양녀처럼 귀여워했다. 그녀가 일을 그만둔 후에도 교류를 했으며 「아직 너 같은 사용인은 못 찾았어」라고 하며 편지를 계속 보냈다. 위의 사례는 여러 문헌에서 자주 들고 있는 예다. 이러한 사용인과 고용주의 이상적인 관계는 많은 경우 고용주가 사용인을 가족으로서 인식해야만 가능한 것이었다. 그 증거로 이러한 관계의 대부분은 유모와 고용주의 가족과의 사이에서 이루어지는 경우가 많다. 사용인 쪽도 고용주로부터의 대우에 응하도록 열심히 일했다.

## |사용인과 고용주가 친밀해진 이유와 결과

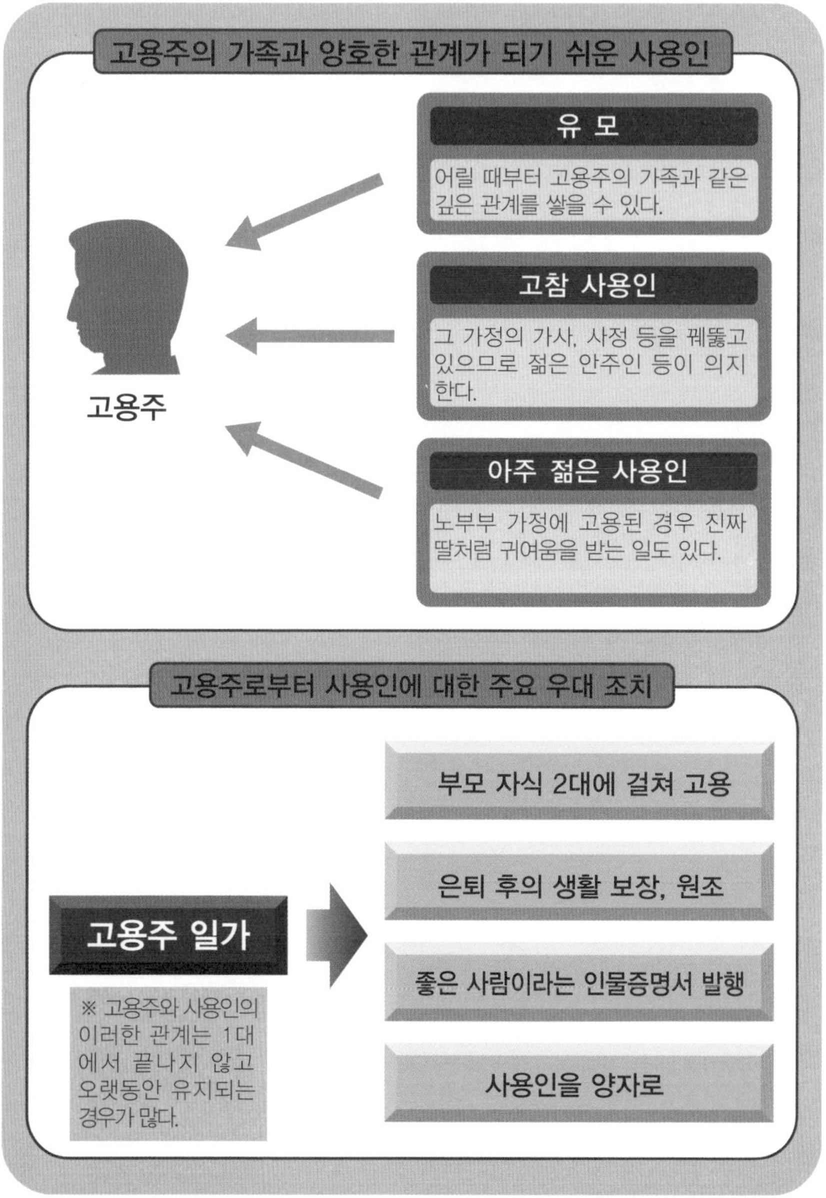

### 고용주의 가족과 양호한 관계가 되기 쉬운 사용인

고용주

#### 유 모
어릴 때부터 고용주의 가족과 같은 깊은 관계를 쌓을 수 있다.

#### 고참 사용인
그 가정의 가사, 사정 등을 꿰뚫고 있으므로 젊은 안주인 등이 의지한다.

#### 아주 젊은 사용인
노부부 가정에 고용된 경우 진짜 딸처럼 귀여움을 받는 일도 있다.

### 고용주로부터 사용인에 대한 주요 우대 조치

**고용주 일가**

※ 고용주와 사용인의 이러한 관계는 1대에서 끝나지 않고 오랫동안 유지되는 경우가 많다.

- 부모 자식 2대에 걸쳐 고용
- 은퇴 후의 생활 보장, 원조
- 좋은 사람이라는 인물증명서 발행
- 사용인을 양자로

관련항목
- 사빅토리아 왕조란→No.008
- 사용인과 고용주의 관계→No.036
- 유모→No.045
- 잡역부→No.051

# 사용인의 고용 방법

여러 가지 요인으로 사용인의 수가 급증한 빅토리아 왕조. 그러나 좋은 사용인을 얻기 위해서는 고용주도 나름대로 노력을 해야 했다.

## ● 사용인을 고용하기 위한 주요 방법

사용인을 고용할 때에 가장 일반적으로 이용하는 것은 신문 광고다. 당시 신문에는 자신을 광고하는 사용인 희망자와 사용인을 고용하고 싶은 고용주가 각각 광고를 게재했다. 그러나 이 방법은 서로에 대한 정보가 부족했기 때문에 문제가 적지 않았다고 한다. 다음으로 많았던 것이 중개다. 이미 고용된 사용인들에게 소개를 받는 경우도 있고 지방의 유지들을 통해서 희망자를 소개받는 경우도 있었다. 이 방법은 신분이 확실한 사람을 고용할 수 있다는 고용주의 희망과 직장 내용을 자세히 알 수 있다는 희망자의 계산이 맞아 떨어져 양쪽 모두에게 반응이 좋았다고 한다. 도시부에서는 소매업자에 의한 비공식 직업 소개소도 많이 이용되었다. 그들은 누가 어떤 직업을 원하고 있는지 잘 알고 있었기 때문에 그들을 통해서 고용주는 자신이 원하는 인재를 찾을 수 있었다.

그래도 못 구한 경우에는 전문 직업 훈련 학교에서 사용인을 고용하는 방법도 있었다. 이것은 조금 시대가 흐른 뒤 등장한 방법이지만 훈련을 받은 사람을 고용할 수 있다는 점이 매우 좋았다. 한편 몹페어Mop fair라는 것도 있었는데, 희망 직종 표시를 몸에 붙인 사람들이 모여 있으면 고용주가 사람을 선택한다는 옛날부터 내려오는 방법이기도 했지만 인간 경매 시장이라는 인상과 끝난 후의 난잡한 소동 때문에 빅토리아 왕조부터는 쇠퇴했다고 한다.

사용인을 아무래도 구할 수 없을 경우에는 사용인 직업 소개소와 구빈원에서 소개를 받았는데, 여기에서 소개받은 사용인들의 경우 과거 이력이 수상쩍은 사람들이 많았다. 자선 단체가 다시 체제를 정비하여 경영을 했다고는 했지만 빅토리아 왕조 중기에도 기피되는 경우가 많았다고 한다.

## 주요 사용인의 고용 수단

### 신문광고
가장 일반적인 방법이지만 서로에 대한 정보가 적어서 문제가 되기도 한다.

### 비공식적인 직업 소개소에서 소개
다양한 정보를 취급하기 때문에 고용주와 사용인 양쪽의 수요에 맞춰 직업을 소개해 준다.

### 직업 훈련학교에서 소개
시간이 좀 지난 뒤의 방법이지만 미리 훈련을 받은 사용인을 고용할 수 있다. 그 중에는 스스로 직업 훈련 학교를 운영하고 사용인을 교육시키는 안주인도 있었다.

### 사용인이 소개
서로 정보를 어느 정도 알고 있으므로 비교적 안심할 수 있는 방법. 어떨 때는 자선활동 중인 안주인이 눈에 띄는 소녀에게 권할 때도 있다.

### 몹페어
고전적인 방법. 각각의 직업에 응한 표시를 가진 사람들이 모인 속에서 자신이 필요로 하는 사람을 고른다. 인간 경매 시장이라는 인상과 페어 후의 야단법석 때문에 점차 쇠퇴했다.

### 직업 소개소, 구빈원에서 소개
이전 경력을 모르는 인물을 소개받는 경우가 많기 때문인지 그다지 인상이 좋지 않다. 직업 소개소는 나중에 경영이 건전화되어 이용하는 사람들이 늘었다고 한다.

## 사용인의 고용 순서

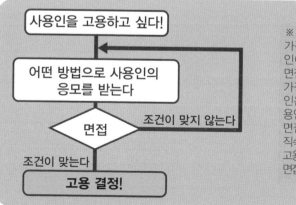

사용인을 고용하고 싶다!

어떤 방법으로 사용인의 응모를 받는다

면접 → 조건이 맞지 않는다

조건이 맞는다

고용 결정!

※ 집안 관리인이 있 는 가정에서는 집안 관리인이 모든 사용 인의 면접을 했고 그 이외의 가정에서는 남성 사용인은 집사가, 여성 사용인은 가정부가 각각 면접을 했다. 하인이나 직속 시녀, 요리사 등은 고용주나 안주인이 직접 면접을 했다고 한다.

관련항목
- 교육기관의 성립과 그 내부 사정→No.068
- 인물 증명서(소개장)→No.107

# 사용인에게 일을 시킬 때의 주의점

빅토리아 왕조의 사용인에게는 각종 제약이 있었다. 그러나 고용주도 여러 가지 주의해야 할 사항이 많았다고 한다.

## ● 가정의 마음가짐

당시 영국에서는 남성은 일, 여성은 가정으로 구분되어 활동 영역이 달랐다. **상류 계층**일수록 이런 경향이 강해서 사용인들을 최종적으로 총괄하는 것은 고용주의 아내나 집안의 주인인 안주인의 일이라고 생각했었던 듯 하다. 당시 고용주들은 사용인들에게 어떻게 일을 시키고 신경을 썼을까? 그것을 알기 위해서는 안주인을 중심으로 살펴봐야 한다.

비튼 부인은 안주인을 「군대의 지휘관」이라고 표현했다. 그 정도로 안주인은 가정의 모든 일을 잘 알고 있어야 했다. 사용인이 많은 가정에서는 특별히 문제는 없었지만 사용인이 한 명 밖에 없는 가정에서는 적은 노동력으로 많은 일을 해야만 했기 때문에 새로 들어온 사용인이 아직 어린 소녀라면 가사의 노하우를 하나부터 열끝까지 가르쳐야 했었다. 그래서 가사일을 효율적으로 하기 위해서는 안주인 자신이 사용인에게 시킬 일을 몸에 익힐 필요가 있었다. 또한 사용인들이 제대로 일을 하고 있는지 일이 너무 많지는 않은지 등을 안주인들이 판단을 하는 데에도 도움이 되었다고 한다.

또한 안주인은 사용인을 대할 때는 가능한 한 관용적이면서도 범접할 수 없는 위엄을 갖춘 태도를 취해야 했다. 절대적인 신분의 차이가 있다고는 하지만 사람과 사람 사이의 관계다. 너무 엄격하면 반항하게 되며 너무 숙이고 들어가면 지나친 요구를 하는 사람도 있었다. 고참 사용인은 젊은 안주인과 대적하기도 하고 절대로 말을 듣지 않는 경우도 있다고 한다. 이러한 마음가짐은 어디까지나 이상에 지나지 않았으며 사용인을 대신해 가사일을 하는 안주인은 거의 없었고 사용인을 제대로 대우하지 않는 안주인도 많았다고 전해진다.

## 사용인에게 일을 시킬 때는

안주인은 가사 전반에 대해서 알아야 한다. 또한 사용인을 대할 때의 태도에도 신경을 써야 한다. 왜냐하면…

### 사용인의 부담으로

자신이 가사일을 이해하고 있지 않으면 효율적인 스케줄을 짤 수가 없다. 무리한 주문이 사용인의 부담이 되는 경우도 많다.

### 사용인이 말을 듣지 않는다

고참 사용인은 말을 잘 안 듣는다. 안주인이 믿음직스럽지 않다고 판단되면 사용인들은 멋대로 일을 할 것이다.

### 지도 부족으로

지도를 하는 사람이 없는 가정에서는 안주인이 직접 젊은 사용인들을 지도해야 한다. 중요한 가구와 식기가 있다면 더욱 그렇다.

관련항목

● 여성의 사회 진출 No.034
● 여성 사용인 조직도→No.040
● 「비튼 부인의 가정서」→No.105

# 여성 사용인 조직도

여성 사용인도 각각 분야별로 엄격한 서열이 있었다. 또한 다른 분야의 사용인 간에는 갈등이 생기는 경우도 많았다고 한다.

## ● 여성 사용인의 조직

업종별로 다양한 역할을 갖는 여성 사용인이지만 기본적으로는 몇 가지 그룹으로 나뉘어져 있어서 그룹별로 관할과 책임자가 다르다. 기본적으로 여성 사용인을 전체적으로 총괄하고 있는 사람은 **가정부**Housekeeper다. 그녀는 여성 사용인의 고용과 급여 지불에 관해서 상당히 큰 권한을 가지고 있었다. 하지만 가정부 다음으로 높은 **요리사**Cook, 안주인의 **직속 하녀**Lady's maid 등은 가정부의 권한 밖이어서 가정부의 말을 듣지 않는 경우도 종종 있었다고 한다. 가정부의 아래에는 주로 집안 일을 보는 **하녀**Housemaid, 손님 **접대 하녀**Parlour maid, **잡역부**Maid of all works 등 주로 가정 관련 일을 전담하는 사용인이 있었다.

가정부의 다음으로 지위가 높은 요리사는 주방의 최고 책임자였다. 가정부가 없는 가정에서는 가정부를 겸임하는 일도 있어 사용인 중에서도 상당한 권한을 가지고 있었던 듯하다. 요리사 밑에는 **부엌 하녀**Kitchen maid, 설거지 하녀 등이 있고 요리사를 보조하면서 조리 기술을 배웠다. 아이들 방을 총괄하는 사용인으로 **여자 가정교사**Governess나 **유모**nanny가 있다. 아이들 방은 다른 부문과 완전히 격리되어 있었다. 유모들을 돕는 사람으로 **보모**Nurse maid가 있었는데 일을 도우면서 아이를 돌보는 기술을 배웠다. 경력이 쌓여 승진하면 밑으로 들어오는 보모들에게 기술을 가르쳤다고 한다.

직속 시녀는 이름처럼 안주인 직속으로 가정부의 감독 하에는 들어가지 않는다. 여자 가정교사도 아이들 방 담당자의 서열에 포함되지 않는 독립적인 존재로 두 사람의 입장이 비슷했다.

또한 각각의 부문의 책임자인 가정부, 요리사, 유모, 직속 시녀와 여자 가정교사를 포함한 것이 이른바 어퍼 텐Upper ten이라고 불려진 상급 사용인이다. 그 외는 로워 파이브Lower five라고 불리는 하급 사용인이다.

## 여성 사용인 조직도

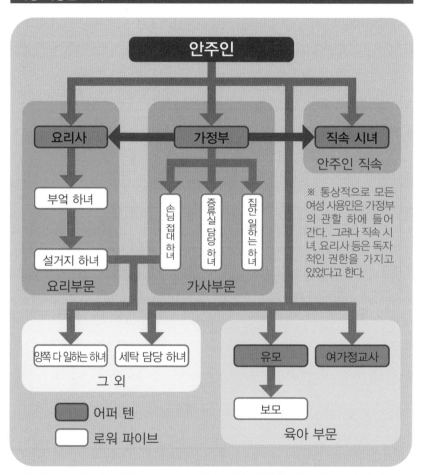

안주인

요리사 ← 가정부 → 직속 시녀

안주인 직속

부엌 하녀

손님 접대 하녀

즐류실 담당 하녀

집안 일하는 하녀

※ 통상적으로 모든 여성 사용인은 가정부의 관할 하에 들어간다. 그러나 직속 시녀, 요리사 등은 독자적인 권한을 가지고 있었다고 한다.

설거지 하녀

요리부문

가사부문

양쪽 다 일하는 하녀

세탁 담당 하녀

그 외

유모

여가정교사

보모

육아 부문

어퍼 텐

로워 파이브

## 소규모 가정의 경우

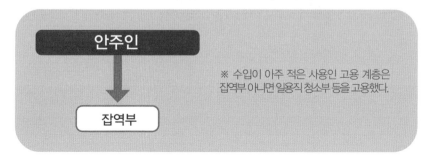

안주인

※ 수입이 아주 적은 사용인 고용 계층은 잡역부 아니면 일용직 청소부 등을 고용했다.

잡역부

# 가정부

## Housekeeper

여성 사용인의 리더인 가정부(Housekeeper). 안주인의 대리인으로서 집의 관리를 했다.

## ● 가정부의 역사

가정부Housekeeper는 여성 사용인 중에서 제일 높은 지위다. 18세기경까지는 **시녀**Lady's maid보다도 낮은 지위였지만 빅토리아 왕조에 들어서면서 시녀와 **유모**Nanny를 제외한 모든 여성 사용인의 고용과 가사에 대한 책임을 가진 중요한 직책으로 변모했다.가정부는 존경의 의미를 담아서 미혼, 기혼에 상관없이 「미세스」라고 불린다. 제복 등을 입지 않았고 대부분 독방을 제공받았으며 사용하는 물건도 모두 일류였다. 가정부가 차고 있는 저택의 열쇠 꾸러미는 가정부의 권위의 상징이며 짤랑 거리는 소리를 듣는 것만으로 사용인들은 벌벌 떨었다. 이 강력한 권한을 악용하는 가정부도 많았고 여성 사용인의 급여를 가로채는 사람도 있었다. 물론 이것은 극단적인 예이며 대부분의 경우 가정을 지키는 우수한 지휘관이었다.

## ● 가정부의 조건과 업무

고용주들은 가정부로 엄격하고 위엄이 있고 경험이 풍부한 여성을 선호했다. 또 어느 정도 교양도 필요했으며 요리 경험, 의료 지식도 필수였다. 그래서 가정부는 어느 정도 나이가 든 여성이 많았다. 집안도 다른 사용인에 비해 좋은 사람이 많았으며 어떨 때는 고용주와 혈연 관계인 경우도 있었다. 가정부의 업무는 여성 사용인의 고용과 해고, 리넨linen 류와 도자기 수납장 관리, 증류실 감독, 생활 필수품 구입, 사용인의 교육 등 아주 다양했다. 또한 사용인 방에서 식사를 할 때 야채 등을 덜어주는 것도 가정부의 일이었던 듯 하다. 특별한 업무로 안주인의 자선사업을 돕기도 했다. 가정부는 고용주의 토지 노동자들을 위해 모임을 여는 등 사용인들이 고용주를 존경하도록 힘썼다.

## 가정부의 특징과 직무

### 조건

어느 정도의 출신 신분

교양, 위엄, 엄격함

요리에 관한 경험과 지식

의료에 관한 지식

### 주로 일하는 곳

가정부 방

증류실, 식료품 저장실

도자기실

리넨실

Housekeeper

하우스키퍼

### 주요 업무 내용

여성 사용인 고용 및 감독

안주인 보좌

증류실, 식료품 저장실 관리

리넨과 도자기류 관리

### 비고

가정부는 여성 사용인 중에서 제일 높은 지위다. 여성 사용인의 고용과 가사에 대해서 책임을 지고 있다. 기혼, 미혼에 상관없이 「미세스」라고 불렸다. 허리에 찬 열쇠 꾸러미는 가정부의 상징이다.

관련항목
- 사용인의 고용 방법→No.038
- 여성 사용인 조직도→No.040
- 시녀→No.043
- 유모→No.045
- 여성 상급 사용인의 복장→No.054
- 사용인의 생활 공간→No.070
- 증류실과 식료품 저장실→No.073

# 여자 가정교사

## Governess

유복한 가정의 자녀 교육을 위해서 꼭 필요했던 여자 가정교사(Governess). 그러나 이들의 위치는 언제나 덧없고 불안정한 것이었다.

## ● 여자 가정교사의 역사

**여자 가정교사**Governess는 유복한 가정의 자녀를 교육하는 여성으로 18세기경까지는 **상류 가정**의 존경을 받았으며 사용인들과는 격이 다른 존재였다.그런 여자 가정교사가 사용인으로서 인식되기 시작한 것은 빅토리아 왕조가 시작되기 얼마 전부터다. 당시 **중류 계층**의 교육열이 높아지자 직업을 구하고 싶어하는 중류, 상류 계층의 여성들이 증가하여 여자 가정교사가 급중했다. 그러나 그에 따른 질의 저하는 여자 가정교사를 존경의 대상에서 사용인으로 전락시켰다. 그래서 여자 가정교사의 지위가 상당히 미묘한 것이 되어 버렸다. 고용주와는 같은 수준도 아니고 그렇다고 사용인이라고도 할 수 없는 여자 가정교사는 집에서도 고립된 존재였다. 나중에는 「불쌍한 선생」 이라는 이미지가 정착되었다.

## ● 여자 가정교사의 조건과 업무

여자 가정 교사로는 젊은 경험자가 선호됐다. 어학에 뛰어나고 예술을 잘 알고 있는 사람이라면 더욱 우대를 받은 듯 했다. 그러나 가족들의 연애 대상이 되는 것을 두려워해서인지 외모가 뛰어난 여자 가정교사는 어떤 가정에서도 환영 받지 못했다.

여자 가정교사의 주요 업무는 고용주의 아이들이 학교에 입학하기까지, 혹은 사교계에 데뷔할 때까지 교육을 담당하는 일이다. 당초 그들이 한 교육은 참고서만 있으면 가능한 쉬운 것이었다. 그러나 나중에 여자 가정교사의 지위 향상을 목적으로 한 교육 기관이 세워지자 더욱 세련된 교육을 하게 된다. 또한 여자 가정교사는 교육 이외에 침모로서의 역할을 요구받기도 했다. 그래서 당시 지침서를 보면 여자 가정교사에게 자수를 익히도록 권했다고 한다.

## 여자 가정교사의 특징과 직무

### 조건

어학 능력

예술, 음악에 관한 지식

교육 경험

미인이 아닐 것

### 주로 일하는 곳

공부방

아이들 방

Governess

거버니스

### 주요 업무 내용

프랑스어 등의 어학 교육

예의범절에 관한 교육

음악, 예술에 관한 교육

재봉

### 비고

유복한 가정의 자녀가 학교나 사교계에 나가기 전까지 교육을 담당하는 여성. 중류 혹은 상류 계층 출신자가 많다. 출신 계층과 입장의 차이 때문에 가정 내에서 고립되기 쉬워 스트레스로 자살하는 사람도 있었다.

관련항목
● 상류 계층→No.014
● 중류 계층→No.015
● 여성 사용인 조직도→No.040
● 교육 기관의 성립과 그 내부 사정→No.068

# 시녀

## Lady's maid

안주인과 관련된 여러 가지 일을 보는 화려한 직업. 여러 가지 편의나 이득이 있는 반면에 그만큼의 고생도 많다.

## ● 시녀의 역사

시녀Lady's maid는 안주인과 관련된 일을 담당하는 사용인으로 그 지위도 **가정부**Housekeeper 다음으로 높다. 18세기경까지는 상류 계층 가정의 자녀가 이 역할을 맡았으며 19세기 이후에도 다른 여성 사용인보다 유복한 가정의 출신이 많은 듯 했다.

항상 숙녀처럼 하고 있으며 다른 여성 사용인들에게는 경원시 당하는 존재였다. 또한 다른 여성 사용인처럼 청소, 요리 같은 기술이 전혀 없었기 때문에 나이를 먹고 일을 못하게 되면 다른 여성 사용인보다 못한 취급을 받기도 했다고 한다.

그러나 여성 사용인으로서는 상당히 높은 급여를 받았으며 제복이 아닌 안주인에게서 물려 받은 옷을 입을 수 있었으므로 시녀가 되기를 원하는 여성 사용인들도 많았다.

## ● 시녀의 조건과 업무

나이는 젊고 비교적 키가 크고 밝고 순종적이며 안주인의 변덕을 잘 맞추어주고 체력이 강해야 했다. 또한 안주인의 옷을 관리하기 위해서 재봉과 장식 기술을 가지고 있어야 했으며 화장하는 방을 관리하기 위해서 화장품 등을 취급하는 약품 지식도 중요했다고 한다. 그래서 밝은 성격에 패션에 조예가 깊은 프랑스인이나 스위스인 여성이 인기가 많았던 듯 하다. 게다가 장식품을 취급할 기회가 많았기 때문에 성실한 사람이어야 했다.

시녀의 기본적인 업무는 안주인의 몸치장과 그에 필요한 모든 물품의 관리다. 아침 일찍 일어나 몸치장을 끝내고 안주인을 위해서 드레스, 모자, 신발 등을 준비했다. 또한 필요하다면 안주인과 함께 외출해서 안주인을 보필하기도 했다고 한다.

시녀의 특징과 직무

No. 043

제2장 ● 사용인과 고용주

## 조건

성격과 외관이 좋아야 한다

패션에 대한 지식과 기술

패션 센스

기본적인 교양과 대화 기술

## 주로 일하는 곳

안주인의 침실

화장실

그 외 안주인의 주변

Lady's maid

레이디즈 메이드

## 주요 업무 내용

안주인의 의류 관리, 수선

장식품과 화장품 관리

안주인의 몸치장을 돕는다

외출할 때 동행

## 비고

가정부 다음으로 지위가 높은 여성 사용인. 안주인의 직속이므로 가정부의 관리를 받지 않는 경우가 많다.
특혜가 많고 화려한 일이지만 오래 근무할 수 없어서 불안정한 입장이기도 하다.

관련항목
● 상류 계층→No.014
● 여성 사용인 조직도→No.040
● 가정부→No.041
● 여성 상급 사용인의 복장→No.054

95

# 요리사

Cook

가정의 주방(Kitchen)을 전담하는 요리사(Cook). 고용주 가정의 가계와 체면이 요리사의 실력에 달려 있었다.

## ● 요리사의 역사

**요리사**Cook는 고용주 가정의 요리를 담당하는 상급 사용인으로 대부분의 가정에 고용되어 있었다. 한 마디로 요리사라고 해도 아마추어 요리사와 프로 요리사, 두 부류가 있으며 그 실력은 하늘과 땅 차이였다고 한다. 비율을 봐도 아마추어 요리사가 많고 프로 요리사는 큰 저택에서만 고용을 했다. 프로 요리사는 주방Kitchen에서 최고의 권위를 가지고 있다. 요리에 관해서는 안주인이라도 참견을 할 수 없으며 요리사 밑에서 일하는 **주방 하녀**Kitchen maid, **설거지 담당 하녀**Scullery maid에게도 강권적으로 행동하는 경우가 많았다고 한다. 또 **가정부**Housekeeper의 지휘 계통에는 들어가지 않으며 대립하는 일도 많았다. 또한 아이들에게 제공하는 요리를 둘러싸고 **유모**Nanny와 대립하기도 한 것 같다. 그러나 손님을 접대할 일이 많은 집에서 방대한 양의 요리를 시간에 맞추어 완성해 내는 요리사는 꼭 필요한 존재였다.

## ● 요리사의 조건과 업무

요리사에게 필요한 것은 무엇보다도 요리 실력이다. 그래서 면접 때에는 실기 시험을 치러 요리 실력을 알아봤다고 한다. 하지만 **인물증명서**를 그대로 믿고 제대로 된 시험을 하지 않고 채용해서 고생을 톡톡히 한 고용주도 있었던 듯 하다. 프로 요리사와 아마추어 요리사의 업무 내용 자체는 크게 달랐다. 프로 요리사는 잡일과 사용인의 식사 등은 주방 하녀들에게 맡겼기 때문에 고용주들의 점심, 만찬에만 전념했다. 또한 식료품 조달과 관리, 주방 하녀들의 지도도 프로 요리사의 중요한 업무였다. 한편 아마추어 요리사의 일은 잡다하고 방대했다. 고용주부터 사용인까지 모두의 식사를 만들고 식사 때는 시중도 들고 다른 잡일까지 해야만 했다.

### 요리사의 특징과 직무

| 프로 요리사의<br>주요 업무 내용 | 아마추어 요리사의<br>주요 업무 내용 |
|---|---|
| 점심과 만찬 등을 요리 | 조리 전반 |
| 식재료 조달과 관리 | 식사 때의 시중 |
| 주방 하녀 등의 관리 및 육성 | 그 외 잡일 전반 |

쿡

Cook

| 조건 |
|---|
| 요리 경험 |
| 요리 실력 |

| 주로 일하는 곳 |
|---|
| 주방 |

### 비고

가정의 요리 전반을 담당하는 여성 사용인. 거의 모든 가정에서 고용하고 있었다.
아마추어 요리사와 프로 요리사 두 부류가 있는데 실력과 대우는 하늘과 땅 차이였다.

# 유모

Nanny

아이들 방에서 주로 일을 하며 아이들의 양육을 담당하는 유모(Nanny). 아이들에게 친엄마 이상의 존재였다.

## ● 유모의 역사

유모Nanny는 안주인 대신 아이들의 가정 교육을 담당하고 양육을 하는 사용인이다. 아이들의 인격 형성에 깊이 관여하기 때문에 수준이 낮은 유모를 만나면 아이들의 장래에 문제가 발생하기도 했다고 한다. 애정이 넘치는 유모에게 양육되어 성장한 후에도 유모를 자신의 가족처럼 소중하게 여기는 아이들도 적지 않았다. 이처럼 유모의 영향력은 매우 컸으며 오랫동안 일해온 유모에게는 고용주조차도 머리를 들지 못하는 경우가 많았다.

유모에게는 엄마를 대신해서 모유를 주는 웨트 너스Wet nurse와 모유는 주지 않고 아이들을 돌보기만 하는 드라이 너스Dry nurse가 있었다. 당시 **상류 계층** 여성의 일부는 가슴 모양이 망가지는것을 우려했기 때문에 자기 대신에 수유를 하는 웨트 너스는 중요한 존재였다.

## ● 유모의 조건과 업무

웨트 너스는 20~30세 정도의 건강한 여성으로 모유가 잘 나오는 유방을 가지고 있는 것이 조건이었다. 그래서 모유가 잘 나오게 하기 위해서 당시 물보다는 안전하고 강장 작용도 한다고 알려진 맥주를 많이 마시도록 장려했다. 한편 드라이 너스로는 좀더 나이가 들어도 육아 경험이 풍부하고 아이들을 잘 다루는 사람을 선호했던 듯 하다. 큰 저택인 경우는 옷을 갈아 입히고 밥을 먹이는 정도는 **보모**Nurse maid에게 맡기고 가정 교육과 아이들 방의 운영을 담당했다. 유모는 아이들에게 애정을 가지고 대해야 했지만 사용인으로서의 입장을 벗어나는 것은 절대로 금지되었다고 한다. 그래도 아이들에게는 매일 함께 생활하는 유모가 평소에 얼굴 보기도 힘든 엄마보다도 훨씬 중요한 존재였다.

## 유모의 특징과 직무

| 웨트 너스의<br>주요 업무 내용 | 드라이 너스의<br>주요 업무 내용 |
|---|---|
| 아기에게 수유 | 아이의 가정 교육 |
| 아기의 육아 | 잡일 이외의 아이 돌보기 |
| 아이들 방 운영 | 아이들 방 운영 |

내니

Nanny

| 웨트 너스의 조건 | 드라이 너스의 조건 |
|---|---|
| 건강하고 모유가 나온다 | 육아 경험이 있다 |
| 육아 경험이 있다 | 아이를 다루는 것이 능숙하다 |

### 비고

고용주의 아이들을 가정 교육을 담당하고 양육을 하는 여성 사용인. 좋든 싫든 간에 아이들에게 강한영향력을 가진다. 그래서 고용주와 가족과 같은 관계를 쌓는 사람도 많았다.

### 주로 일하는 곳

아이들 방

관련항목
● 사용인과 고용주의 이상적인 관계→No.037
● 여성 사용인 조직도→No.040
● 보모→No.049

# 접객 하녀

Parlour maid

빅토리아 왕조 후기에 나타난 직종으로 남성 사용인을 대신하는 새로운 지위다.

## ● 접객 하녀의 역사

접객 하녀Parlour maid는 비교적 새로운 가사 사용인이며 빅토리아 왕조 초기에 쓰여진 가정서 등에는 그 이름을 찾을 수 없다. 역할은 남성 사용인 특히 종복Footman 등이 하는 접객에 특화된 것이다. 이것은 남성 사용인을 고용할 금전적인 여유가 없는 고용자가 생각해낸 아이디어 중 하나였는데 「접객 하녀를 고용하고 있는 집에는 가기 싫다」고 야유를 받는 경우도 있었던 듯 하다. 그렇다고는 해도 손님 접대 하녀의 수는 중류 계층의 증가와 함께 점점 늘어갔다.

접객 하녀는 다른 여성 사용인과 달리 사람들을 접할 기회가 많았으므로 복장도 기능적이 아니라 호화로운 것이 많았다. 남성 사용인의 제복이 그 집의 위엄을 나타내듯이 손님 접대 하녀의 복장도 고용주의 위엄을 나타냈다.

## ● 접객 하녀의 조건과 업무

접객 하녀는 접객이라는 일의 성격상 당연한 말이지만 외모를 우선시했다. 얼굴이 예쁘고 키가 큰 쪽을 선호했다고 한다. 또 무리 없이 손님을 접대하기 위해서 어느 정도 요령도 좋아야 했다. 손이 예뻐야 한다는 특이한 조건도 있었다. 손님 접대 하녀의 주요 업무 중 하나에 식사 시중을 드는 것이 있는데 이때 손님에게 손을 보일 기회가 많았기 때문일 것이다.

손님 접대 하녀의 일은 위에 나열한 시중 이외에 손님이 왔을 때의 응대, 편지 전달 등도 있었다. 이것들도 원래는 종복이나 하인Valet의 업무라는 점에서 접객 하녀의 업무 대부분이 남성 사용인의 역할을 대신했다는 것을 알 수 있다. 그러나 종복이나 하인처럼 힘 쓰는 일을 하는 것이 아니라 고용주의 지위를 나타내는 것에 특화된 역할이었다.

## 접객 하녀의 특징과 직무

| 조건 |
| --- |
| 외견이 좋다 |
| 키가 크다 |
| 요령이 좋다 |
| 손이 예쁘다 |

| 주요 업무 내용 |
| --- |
| 식사 때의 시중 |
| 손님에 대한 대응과 알림 |
| 고용주에게 편지 전달 |
| 저택 안내 |

Parlour maid

팔러 메이드

### 비고

비교적 새로운 유형의 사용인. 접객과 식사 시중이 주요 업무로, 종복을 고용할 수 없는 가정 등에서 많이 고용하였다. 일의 성격상 다른 여성 사용인보다 화려한 제복을 입고 있는 경우가 많았다.

# 가사 담당 하녀

House maid

가정을 청결하게 유지하기 위해서 눈이 핑핑 돌 정도로 일을 하는 집 담당 하녀(House maid). 현재 우리들이 가지고 있는 메이드에 대한 이미지를 이들의 모습에서 찾을 수 있을 것이다.

## ● 가사 담당 하녀의 역사

**가사 담당 하녀**House maid는 실내 청소와 미화를 담당하는 사용인이다. 17세기에 이미 자료에 그 이름이 나오며 아마도 그보다 훨씬 이전부터 비슷한 직종은 존재하고 있었다고 생각된다. 사용인의 수가 많은 저택이라면 가사 담당 하녀 중에도 서열이 있었으며 대게는 업무를 분담해서 했지만 대부분의 가정에서는 눈이 돌 정도로 일이 너무 많았던 듯 하다.

큰 저택의 경우 그곳에 있는 가구는 이제 막 집 담당 하녀가 된 소녀들에게는 본 적도 없는 것 투성이였다. 취급 시 주의 사항을 모르는 물품을 앞서 제대로 된 설명도 없이 청소하라는 명령을 받아 귀중한 가구에 상처를 내는 일도 자주 있었다고 한다. 이 경우 바로 얘기를 하면 용서를 받기도 했지만 대개 급여에서 제하거나 최악의 경우는 해고되기도 했다.

## ● 가사 담당 하녀의 업무

가사 담당 하녀의 일은 다양하다. 아침 식사 전에는 난로나 아궁이의 불판을 청소하고 거실, 식당, 정면 현관, 각 방을 청소했다. **접객 하녀**Parlour maid와 **종복**Footman이 없는 경우에는 끓인 물을 고용주의 가족들 방으로 옮기고 식사 때는 시중도 들어야 했다. 낮에는 침실과 침실용 변기 청소를 하고 비누, 양초, 수건 등의 필수품이 부족하지 않은지를 확인했다. 만찬 후에는 각 방을 돌면서 최종 확인을 하고 침실과 화장실에 뜨거운 물을 옮겼다.

가장 손이 많이 가는 것이 침대 정리로 베개에 사용하는 깃털이 찔리지는 않는지, 시트는 청결하고 더럽지 않은지 등 세세하게 확인을 해야 했다. 이가 발견된 경우는 최악의 상황으로 침대를 다 분해해서 청소한 후 다시 조립했어야 했다고 한다.

## 가사 담당 하녀의 특징과 직무

### 주요 업무 내용

| | |
|---|---|
| 저택 각 곳을 청소 | 침대 정리 |
| 불 피우기 | 필수품 재고 확인 |
| 각 방으로 뜨거운 물 운반 | 저택 순회 |
| 식사 때 시중 | |

House maid

하우스 메이드

### 주로 일하는 곳

외견주방, 아이들 방, 세탁실, 증류실, 팬트리 등 전문 영역을 제외한 저택의 모든 곳

### 비고

실내 청소와 미화를 담당하는 여성 사용인. 다수인 경우에는 서열이 정해 져 있어 계급이 올라갈수록 편하고 간단한 업무를 담당했다.

관련항목
- 여성 사용인 조직도→No.040
- 시녀→No.043
- 종복→No.061

# 주방 하녀

Kitchen maid

요리사(Cook) 밑에서 일하는 주방 하녀(Kitchen maid). 요리사 밑에서 프로의 기술을 배워 경력을 쌓았다.

## ● 주방 하녀의 역사

**주방 하녀**<sup>Kitchen maid</sup>는 요리사 밑에서 일하는 사용인으로 **주방**<sup>Kitchen</sup>의 잡일과 간단한 조리를 했다. 주방 하녀는 명확한 서열이 정해져 있었다는 점에서 다른 사용인들과는 크게 다르다. 이른바 「견습」 신분이며 더 아래 계급인 **설거지 담당 하녀**<sup>Scullery maid</sup>서부터 일을 배우면서 점점 위로 올라갔다. 마지막으로 요리사나 주방 하녀의 리더가 되는 것이 주방 하녀에게 있어서 이상적인 목표이며 그렇게 되면 어느 정도의 사회적 지위도 보장 받을 수 있었으며 경우에 따라서는 가정부<sup>Housekeeper</sup> 겸 요리사라는, 여성 사용인으로서는 최고의 지위도 얻을 수 있었다.

그러나 이것은 큰 저택에서의 이야기이며 아주 소수의 사용인만 고용하는 가정에서 주방 하녀는 필요 없었다. 말하자면 그런 가정에 요리사로서 고용될 기회가 있었다고 해도 그 자리를 이어받는 일은 없었다고 한다. 모든 것을 혼자서 하는 아마추어 요리사가 되는 것은 프로로서의 경험을 한 주방 하녀들의 사회적 지위를 깎는 것이었다.

## ● 주방 하녀의 업무

주방 하녀의 일은 그 랭크에 따라 세분화되어 있다. 아래쪽부터 주방의 청소 및 힘 쓰는 일, 재료 준비를 시작으로 최종적으로는 고용주에게 내는 간단한 요리, 사용인의 식사, 아이들이 방에서 먹을 식사를 준비하면서 점점 요리사에 가까운 일을 하게 되었다. 이러한 과정에서 필요한 기술을 배우고 프로의 기술을 익혀나갔다. 그렇지만 견습인 주방 하녀들이 만든 요리가 맛이 있을 리가 없었고 어떤 사용인은 「이대로라면 굶어 죽든지, 윗층(주인들)의 음식을 훔칠 수 밖에 없어」 라며 불만을 토로했다고도 한다.

주방 하녀의 특징과 직무

## 주요 업무 내용

| | |
|---|---|
| 사용인의 식사 만들기 | 주방의 불 피우기 |
| 아이들이 방에서 먹을 식사 만들기 | 요리사의 개인적인 일 시중 |
| 식재료 준비 | 애완 동물 먹이 만들기 |
| 주방 청소 | |

키친 메이드

Kitchen maid

## 주로 일하는 곳

주방

식료품 보존 창고

## 비고

요리사 밑에서 일하는 여성 사용인으로 설거지 담당 하녀에서 승진한다. 큰 저택이라면 승진은 확실하며 운이 좋으면 요리사, 가정부 등의 지위에 올라갈 수도 있었다.

관련항목
● 여성 사용인 조직도→No.040
● 가정부→No.041
● 요리사→No.044
● 그 외 여성 사용인→No.052
● 주방→No.074

# 보모

## Nurse maid

아이들 방에서 아이들을 돌보는 보모(Nurse maid). 신분이 다르다고는 하나 아이들에게 이들은 나이 차이가 별로 안 나는 언니와 같은 존재였다.

## ● 보모의 역사

보모Nurse maid는 고용주의 아이들을 돌보는 사용인이다. 큰 저택의 경우 보모들의 위에 있는 유모Nanny나 보모의 리더가 업무를 감독했다. 보모 대부분이 스무 살이 채 되지 않는 소녀로 업무라고 해도 아이들을 돌보는 정도의 일이었던 듯 하다. 양육에 관한 지식도 부족한 경우가 많고 감독자가 없는 가정의 경우에 보모는 위험한 존재가 될 수 있었다. 아이들을 다루기 힘들다며 그다지 몸에 좋다고 할 수 없는 수면제를 아이들에게 먹이는 경우도 있었기 때문이다.

보모는 여성 사용인 중에서도 비교적 드물게 외출이 가능한 사용인으로 외출할 때는 대체로 차분한 색상의 옷과 검정색 밀짚모자를 썼다고 한다. 하지만 바깥 세상은 보모들에게 위험한 유혹으로 가득 찬 곳으로 당시 유식자들은 그 위험성에 대해서 자주 지적했었다.

## ● 보모의 일

보모는 주로 젖을 뗀 아이를 담당했으며 기숙 학교에 입학하거나 **여자 가정교사**Governess의 감독 하에 들어갈 때까지만 돌봤다. 보모의 일은 아이들 방을 청소하는 것부터 옷을 갈아 입히고 밥을 먹이는 등 전반적으로 아이들을 돌보는 것이었다. 아이들과 함께 놀거나 산책을 데리고 나가는 것도 중요한 업무 중 하나였다. 아이들에게 보모는 나이 차이가 별로 안 나는 언니와 같은 존재로 보모와 함께 놀았던 것을 소중한 추억으로 간직하는 아이들도 많았다. 또한 아이들의 건강에 신경을 쓰는 것도 중요한 업무로 보모의 주의 깊은 관찰과 헌신적인 간병으로 아이들의 생명을 구하는 일도 적지 않았다고 한다.

보모의 특징과 직무

## 주요 업무 내용

| | |
|---|---|
| 아이들 방 청소, 관리 | 아이들과 놀기 |
| 아이들 옷 갈아 입히기 | 유모, 보모들의 리더<br>밑에서 업무 보조 |
| 아이들 밥 먹이기 | |
| 아이들 산책시키기 | |

너스 메이드

Nurse maid

## 주로 일하는 곳

아이들 방

아이들의 산책 코스

## 비고

유모와 보모들의 리더 밑에서 저택의 아이들을 돌보는 일을 보좌하는 여성 사용인. 비교적 노동 내용이 간단하므로 젊은 여성이 많다. 유모와 마찬가지로 가족 같은 대접을 받기도 했다.

관련항목
- 여성 사용인 조직도→No.040
- 여자 가정교사→No.042
- 유모→No.045

# 세탁 담당 하녀
Laundry maid

저택의 세탁물을 담당하는 세탁 담당 하녀(Laundry maid). 전문 기술을 가진 이들은 저택의 서열에서 독립된 존재였다.

## ● 세탁 담당 하녀의 역사

**세탁 담당 하녀**Laundry maid는 이름 그대로 세탁을 전담하는 사용인으로 아주 몇 안 되는 가정에서만 고용하고 있었다. 보통 이들이 일하는 곳은 저택에서 떨어진 **세탁장**Laundry이며 다른 사용인과는 감독 계통도 달랐던 듯 하다. 세탁장이 저택 안에 있는 경우도 있었지만 그런 경우라도 지하실 등에 격리되어 있었다. 세탁장의 독특한 냄새와 건조된 세탁물을 보기 싫어하는 고용주들 때문이라고 한다. 또한 세탁에 필요한 깨끗한 물을 찾아서 저택에서 떨어진 곳에 전용 오두막을 짓는 경우도 있었다. 세탁장은 저택에서 격리된 환경이기 때문에 세탁 담당 하녀들은 힘든 일에도 불구하고 비교적 여유롭게 일을 할 수 있었던 것 같다. 그러나 그런 환경이 도리어 나쁜 영향을 미쳐 세탁장이 여러 가지 의미에서 수상쩍은 목적으로 사용된 것을 알게 된 안주인이 충격을 받는 일도 있었다고 한다.

## ● 세탁 담당 하녀의 일

세탁 담당 하녀가 다루어야 하는 세탁물에는 여러 가지 종류가 있었다. 고용주의 가족과 사용인들의 옷, 시트, 가구를 덮는 천, 청소 때 사용하는 헝겊 등 각각에 맞는 세탁 방법이 필요했으며 그 일은 상당히 번잡했다고 한다. 또한 고용주의 가족과 사용인들이 사용하는 것으로 담당자가 나누어져 있었다. 세탁이 끝나면 다음에 할 일은 건조와 다림질이다. 요즘처럼 건조기가 없었기 때문에 건조는 날이 좋은 날 말리든지 아궁이의 열 등을 이용한 건조실에서 말렸다. 다리미도 철 인두와 상자에 석탄을 넣고 직접 열을 가하는 구조로 일하는 환경이 열악했던 듯 하다. 그러나 전문적인 기술을 요하는 세탁 담당 하녀들은 대부분의 경우 일에 대해 자부심을 가지고 있었다고 한다. 그러나 그런 세탁 담당 하녀도 19세기말이 되면서 외주 업자에게 밀려 모습을 감췄다.

## 세탁 담당 하녀의 특징과 직무

### 주요 업무 내용

| | |
|---|---|
| 세탁물 세정 | 세탁물 풀 먹이기 |
| 세탁물 소독 | 세탁물 다림질 |
| 세탁물 표백 | 세탁물 건조 |

세탁물을 푸르게 해서 더욱 희게 보이게 함

Laundry maid

로드리 메이드

### 주로 일하는 곳

세탁실

건조실

오두막

### 비고

세탁물을 빠는 여성 사용인으로 가장 오래된 사용인 중 하나. 저택에서는 독립된 존재로 취급 받는 경우도 많다. 빅토리아 왕조 시대의 세탁은 번잡하여 다양한 전문 지식이 요구되었다.

관련항목
● 여성 사용인 조직도→No.040  ● 세탁장→No.075

# 잡일 담당 하녀

Maid of all works

빅토리아 왕조 시대의 사용인 중에서 제일 바빴던 사람은 잡일 담당 하녀(Maid of all works)일 것이다. 사용인이 해야 할 모든 일이 이들의 일이었기 때문이다.

## ● 잡일 담당 하녀의 역사

**잡일 담당 하녀**Maid of all works는 빅토리아 왕조 때 가장 많았던 사용인이며 이름 그대로 가사에 관한 모든 일을 했다. 이들은 여성 사용인 중에서 가장 지위가 낮고 비튼 부인도 「사용인들이 속한 계층 중에서 가장 동정할 만한 가치가 있는 유일한 존재」라고 할 정도로 노동 조건은 형편없었던 듯 하다. 기본적으로 잡일 담당 하녀는 큰 저택에는 존재하지 않았다. 큰 저택의 경우 사용인의 역할이 세분화되어 있었기 때문이다. 잡일 담당 하녀가 고용된 곳은 아무리 많아도 2~3명 정도 밖에 사용인을 고용할 수 없는 가정이었다. 그래서 대개의 경우는 이야기 상대도 없어서 외로웠으며 고용된지 얼마 안 된 젊은 잡일 담당 하녀가 어두운 침실에서 밤새도록 우는 경우도 있었다고 한다.

## ● 잡일 담당 하녀의 업무

잡일 담당 하녀는 정해진 일이 없다. 가사에 관한 일이라면 모두 이들의 일이며 그 범위는 가정에 따라 달랐다. 이들의 업무 범위도 노동 시간도 안주인의 지시에 의해 결정되었다. 그 유명한 해나 컬위크Hannah Cullwick의 일기에서 크리스마스 이브 전날의 일을 발췌해보자.

아침에 일찍 일어나 고기 요리를 바로 할 수 있도록 주방Kitchen에 불을 피웠다. 아침 식사를 마치고 긴 부츠를 손질하고 나이프를 갈고 아침 식사 뒷정리를 한 후 이어서 도로 청소를 하고 도어 매트의 먼지를 털었다. 그 사이에 손님 응대를 하고 저녁 식사 준비를 하고 다음 날에 먹을 닭고기를 구웠다. 오후 10시가 지나서 겨우 저녁 식사를 하고 뒷정리를 한 다음 난로에 불을 피웠다. 일단 잠시 눈을 붙인 다음 빨리 일어나 푸딩을 삶았다.

잡일 담당 하녀의 하루는 대략 이런 것이었다. 여기에 쓰여 있지 않은 그 외의 일을 생각 해보더라도 잡일 담당 하녀의 하루는 정말 바빴던 것으로 보인다.

## 잡일 담당 하녀의 특징과 직무

### 주요 업무 내용

| | |
|---|---|
| 각 곳의 불 피우기 | 저택 청소 |
| 나이프 등의 소품 청소 | 손님 응대 |
| 요리 전반 | 석탄 운반 등의 잡일 |
| 식사 때의 시중 | 저택의 가업 돕기 |

Maid of all works

메이드 오브 올 워크

### 주로 일하는 곳

저택 전체

### 비고

여러 사용인을 고용할 수 없는 작은 저택에 고용된 여성 사용인. 기사 대부분을 혼자서 해야 하며 쉬는 시간 없이 일을 해야 하는 가혹한 직업이었다.

관련항목
● 여성 사용인 조직도→No.040
● 『비튼 부인의 가정서』→No.105
● 유명한 메이드→No.108

# 그 외 여성 사용인

빅토리아 왕조 때 급격하게 늘어난 여성 사용인. 당연히 종류 자체도 다양했다.

## ● 그 외 여성 사용인들

남성 사용인과 마찬가지로 여성 사용인에도 여러 종류가 있다. 여기에서는 특히 항목을 정하지 않았던 것에 대해서 알아보자.

상급 사용인인 어퍼 텐으로 먼저 꼽을 수 있는 것이, **증류실 담당 하녀**<sup>Stillroom maid</sup>다. 증류실 담당 하녀는 **가정부**<sup>Housekeeper</sup> 직속 사용인으로 가정부의 업무를 보조하고 **증류실**<sup>Stillroom</sup>에 관한 업무와 도자기 보관을 담당하고 있었다. 다음으로 **방 담당 하녀**<sup>Chamber maid</sup>다. 이들은 주로 안주인의 침실과 객실 청소, 침대 정리, 안주인의 복장을 관리하는 등의 일을 했다. 서열은 **가사 담당 하녀**<sup>House maid</sup>보다도 위에 있지만 빅토리아 왕조에 들어서면서 거의 찾아 볼 수 없었던 듯 하다.

한편 하급 사용인 로어 파이브로 분류되는 **설거지 담당 하녀**<sup>Scullery maid</sup>다. 설거지 담당 하녀는 **주방**<sup>Kitchen</sup>에서 더러워진 식기를 닦고 주방 청소, 사냥물 손질 등을 담당했었다. 서열은 **주방 하녀**<sup>Kitchen maid</sup> 아래로 아주 심하게 바보 취급 당했다는 증언도 많다. 시골의 저택에서는 **낙농장 하녀**<sup>Dairy maid</sup>를 고용하는 경우도 있었다. 낙농장 하녀는 실내, 실외 어느 영역에도 속하지 않는 여성 사용인이다. 주로 유제품 관련 업무를 하고 하루종일 우유를 저어서 버터를 만들거나 크고 무거운 우유통을 운반하기도 했다. 힘을 쓰는 일이 많았기 때문에 몸집이 크고 힘이 센 여성이 많았던 것 같다.

소규모 가정에서는 설거지 담당 하녀 대신에 **허드렛일 하녀**<sup>Between maid</sup>가 있었다. 허드렛일 하녀는 집 담당 하녀와 주방 하녀의 일을 겸하고 있었고 가정에서 가장 힘든 일을 거의 담당했었다고 한다. 또한 유복하지 않은 가정에서는 파트 타임인 **일용직 잡역부**<sup>Charwoman</sup>, 현관청소 하녀 등을 고용했지만 이건 단지 남에게 보이기 위한 허영일 뿐이었다.

## 그 외 주요 여성 사용인

### 증류실 하녀/stillroom maid

가정 부문

| | |
|---|---|
| 비고 : 가정부 직할 여성 사용인 |
| 직무 : 가정부의 업무 보조, 증류실에 관한 업무 등 |

### 방 담당 하녀/chamber maid

가정 부문

| | |
|---|---|
| 비고 : 오래된 사용인으로 빅토리아 왕조에서는 거의 보이지 않는다. |
| 직무 : 안주인의 침실과 객실의 청소, 침대 정리, 복장 관리 등 |

### 설거지 담당 하녀/scullery maid

조리 부문

| | |
|---|---|
| 비고 : 주방에서 제일 낮은 대우를 받는다. 견습의 의미가 강하다. |
| 직무 : 주방에서 더러워진 식기 설거지, 주방 청소, 사냥물 손질 등. |

### 허드렛일 하녀/between maid

기타

| | |
|---|---|
| 비고 : 가정부 직할 여성 사용인 |
| 직무 : 가정부의 업무 보조, 증류실에 관한 업무 등 |

### 낙농장 하녀/dairy maid

기타

| | |
|---|---|
| 비고 : 시골의 큰 저택에서 볼 수 있는 여성 사용인 몸집이 큰 사람이 많다. |
| 직무 : 주로 유제품 관련 정제, 보관 등 |

### 일용직 잡역부/charwoman

기타

| | |
|---|---|
| 비고 : 임시로 고용된다. 사용인을 고용할 여유가 없는 가정에서 많이 고용한다. |
| 직무 : 거의 모든 잡일 |

관련항목

● 여성 사용인 조직도→No.040
● 가정부→No.041
● 가사 담당 하녀→No.047
● 주방 하녀→No.048
● 증류실과 식료품 저장실→No.073

# 메이드 제복의 성립

메이드라는 존재의 상징이라고도 할 수 있는 특징적인 제복. 그것은 엄격한 계층 제도와 고용주의 허영에 의해 만들어졌다.

## ● 메이드 제복이 완성되기까지

여성 사용인의 복장은 빅토리아 왕조에 이르기까지 엄밀하게 정해져 있지 않았다. 대부분의 경우 **노동자 계층**의 여성과 같거나 아니면 그것보다 더 낡은 복장으로 특징이라면 에이프런을 걸치고 있는 정도였다. 제복이 없었던 데에는 여러 가지 이유가 있지만 가장 큰 이유는 「딱히 메리트가 없다」는 것일 것이다. 당시 제복에는 고용주의 위엄과 재력을 나타낸다는 목적이 있었다. 그런데 안 보이는 곳에서 일하는 여성 사용인에게 제복을 지급한다고 해서 별 의미가 있을 리가 없었다. 게다가 19세기 중반에는 재봉틀이 발명되기 전이어서 옷을 만드는 것 자체도 돈이 많이 들었다.

그러면 요즘 알려진 메이드의 제복은 왜 생긴 것일까? 첫째, 고용 계층과 사용인의 입장 차이를 확실하게 나타내기 위해서였다. 당시 고용주의 대부분을 차지하고 있던 중산 노동 계층은 고용된 사용인과 계층적으로는 큰 차이가 없었다. 그러므로 제복을 입지 않으면 안주인과 여성 사용인의 구별이 힘들었다. 그래서 고용 계층은 두 계층 간의 차별화에 매우 고심했다고 한다.

한편 제복의 원형에 대해서도 여러 가지 설이 있지만 확실하지는 않다. 자선 목적의 사용인 양성 시설의 제복이 원형이라는 설, 간호사의 제복이 원형이라는 설 등 다양하다. 어떤 설이 맞는지는 확실히 단정 지을 수는 없지만 적어도 빅토리아 왕조 사람들의 공통된 인식으로서 속된 말로 「메이드 복」이라고 불리는 의상이 여성 사용인의 상징이 되었다는 사실만은 틀림없다. 고용주와 사용인을 위한 잡지에 게재된 제복을 입은 사용인의 광고는 이러한 인식에 더욱 박차를 가했다고 한다.

## 빅토리아 왕조 이전과 그 이후의 여성 사용인의 복장 변화

빅토리아 왕조 이전

엄밀한 규정은 없다.
에이프런을 자주 걸치고
청결하기만 하면 상관없었다.

빅토리아 왕조 이후

이른바, 메이드 복이 탄생.
왜 이런 디자인이 되었는지
정확하게 알 수 없다.

## 메이드 제복의 성립 이유

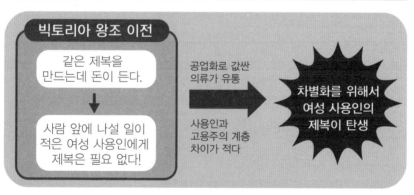

빅토리아 왕조 이전

같은 제복을
만드는데 돈이 든다.
↓
사람 앞에 나설 일이
적은 여성 사용인에게
제복은 필요 없다!

공업화로 값싼
의류가 유통

사용인과
고용주의 계층
차이가 적다

차별화를 위해서
여성 사용인의
제복이 탄생

관련항목
● 노동자 계층→No.016
● 사용인과 고용주의 관계→No.036
● 여성 상급 사용인의 복장→No.054
● 손님 접대 하녀의 복장→No.055
● 여성 사용인의 복장→No.056

# 여성 상급 사용인의 복장

메이드 제복은 기본적으로 호화로움과는 거리가 멀다. 그러나 여성 상급 사용인의 복장은 하급 사용인의 복장과는 확연히 달랐다.

## ● 여주인보다 눈에 띄지 않도록

여성 사용인이라도 상급 사용인은 제복을 입지 않는 경우가 많았다. 여기서는 주요 상급 사용인으로서 **가정부**<sup>Housekeeper</sup>와 **시녀**<sup>Lady's maid</sup>의 복장에 대해서 알아보려고 한다.

가정부가 제복을 입는 경우는 없었지만 어느 정도 정형화된 것은 있었던 듯 하다. 유행에 뒤쳐진 실내 모자에 엄격한 이미지의 하이넥 드레스, 가슴에 장식하는 큰 브로치를 한 모습이 일반적이었다. 어두운 색상의 옷이 많아 미망인 같은 복장이라고 불리기도 했다. 그러나 무엇보다 가정부를 상징하는 것은 허리에 장식 띠에 달린 열쇠 꾸러미일 것이다. 가정부의 모습을 그린 어떤 자료를 보더라도 허리에는 가정부의 권력의 상징인 열쇠 꾸러미가 달려있다. 또한 에이프런은 19세기 말까지는 입고 있었는데 그 이후에는 점차 사라졌다.

한편 시녀의 복장은 기본적으로는 안주인과 크게 다르지 않았다고 한다. 시녀들이 혜택으로 안주인의 헌 옷을 물려받을 수 있다는 것이 가장 큰 이유일 것이다. 그러나 주의 깊게 보면 실제로 시녀와 안주인의 복장은 조금 달랐다. 기본적으로 시녀의 복장은 안주인보다도 수수한 차림이 선호되었다. 가령 외출을 할 때 안주인의 모자가 털이나 꽃으로 장식이 되어 있다면 시녀의 모자에는 장식이 없었다. 또한 장식은 되도록 안 하도록 신경 썼다. 너무 화려한 복장이라서 옷을 갈아입도록 명령 받은 시녀도 있었다고 한다. 그렇지만 시녀들은 다른 여성 사용인보다는 좋은 옷을 입을 수 있었으며 실내용 모자는 작은 장식이 달린 것이 많았고 사용인의 상징인 에이프런은 안주인의 몸치장 때만 걸치는 작은 것 이외는 입지 않았다고 한다.

## 가정부의 복장

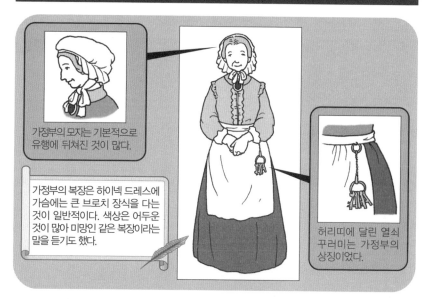

가정부의 모자는 기본적으로 유행에 뒤쳐진 것이 많다.

가정부의 복장은 하이넥 드레스에 가슴에는 큰 브로치 장식을 다는 것이 일반적이다. 색상은 어두운 것이 많아 미망인 같은 복장이라는 말을 듣기도 했다.

허리띠에 달린 열쇠 꾸러미는 가정부의 상징이었다.

## 시녀의 복장

시녀의 모자. 다른 하녀보다 작은 것이 많다.

시녀의 복장은 그 시대의 부유층 여성 복장에 준했다. 그러나 안주인과 구별하기 위해서 수수하게 입도록 신경을 썼다.

시녀의 에이프런은 가슴판이 없고 작은 것이 많다. 일을 할 때 이외에는 거의 하지 않는다.

관련항목

●가정부→No.041　　　　　　　●시녀→No.043

# 접객 하녀Parlour maid의 복장

손님을 접대할 때 결코 빠질 수 없는 것이 바로 접객 하녀(Parlour maid)다. 이들의 제복이야말로 오늘날의 메이드 이미지의 원형일 지도 모른다.

## ● 더욱 화려하게 더욱 아름답게

빅토리아 왕조 후기부터 에드워드 왕조에 걸쳐 그 수가 늘어난 **접객 하녀**Parlour maid는, **종복**Footman 대신에 식사 시중을 들거나 손님을 응대할 기회가 많았기 때문에 제복도 다른 여성 사용인에 비해서 비교적 화려한 것이 많았다. 소매의 변화도 이러한 특징 중 하나라고 할 수 있다. 보통 여성 사용인의 제복은 유행을 쫓지 않았다. 그러나 손님 접대 하녀는 그런 제한이 없었으며 킥업 슬리브라고 불리는 어깨 부분을 극단적으로 높게 뾰족하게 한 것과, 퍼브 슬리브라고 부드럽게 부풀린 것 등, 실로 다양한 소매의 제복을 입었다는 사실을 도판 자료를 통해 알 수 있다. 또한 오후 제복에는 검정 이외의 색이 채용되기도 했던 것 같다. 에이프런과 칼라는 흰색이며 드레스의 색조 자체도 그것과 잘 어울리는 어두운 색이 선호되었다고 한다. 그러나 시대가 흐르면서 이러한 생각도 사라져가고 최종적으로는 시나몬 브라운 등의 제복도 선보이게 되었다.

에이프런도 접객 하녀의 것은 다른 여성 사용인과는 달랐다. 외관을 중시한 작은 에이프런을 하고 있는 경우가 많고 적어도 가슴판 부분에는 실용적이라고는 할 수 없는 장식이 달려 있었다. 당시의 일반적인 접객 하녀라고 알려진 도판 자료를 보면 가슴판 부분이 크게 V자 모양으로 열린 것, 레이스가 많이 사용된 것 등이 엿보인다. 그 중에는 가슴판 부분이 없는 작은 에이프런에 자수를 넣은 것도 있었다고 한다. 당시 여성의 실내 모자는 사라지고 있었지만 여성 사용인들은 계속 쓰고 있었다.

그러나 접객 하녀는 여기에서도 다른 여성 사용인보다 우대받아 큰 리본과 끈으로 머리를 묶거나 모자를 썼다고 해도 장식이 많은 작은 모자였다.

## 접객 하녀의 제복

접객 하녀의 모자는 실용품이라기 보다는 장식품이다. 시대가 흐르면서 리본으로 머리를 묶기도 했다.

소매와 에이프런도 다른 하녀의 제복에 비해 화려한 것이 많다. 특히 에이프런은 실용적이라고는 말하기 어려울 정도로 장식이 되어 있거나 가슴판 부분이 없는 작은 에이프런이 사용되기도 했다.

접객 하녀는 거친 손을 감추기 위해서 장갑을 끼기도 했다. 소맷부리의 커프스는 칼라와 색깔을 맞추어 셀룰로이드제가 사용되기도 했다.

종복 대신 식사 시중을 들거나 손님을 응대하는 접객 하녀의 제복은 다른 하녀의 제복에 비해 화려한 것이 많다. 특히 고용주들이 유행에 민감한 경우 이들의 제복은 더욱 자주 바뀌었다.
에드워드 7세(1901~1910) 시대에 들어서면서 오후 제복의 색도 검정이 아니라 화려한 색이 사용되곤 했다.

관련항목
● 접객 하녀→No.046          ● 종복→No.061

# 여성 사용인의 복장

상당히 특징적인 메이드의 독자적인 복장. 그러나 그것은 어디까지나 작업복으로 시대와 고용주에 따라 크게 달라졌다.

## ● 메이드 이미지의 원형

19세기에 들어서부터 여성 사용인의 제복은 엄밀한 규정에 따르지 않고 고용주에 따라 다양화되었다고 한다. 그러나 기본적으로는 오전 중에는 라일락, 파랑, 핑크색 목면으로 만든 드레스에 흰색 에이프런과 모자를 쓴다. 오후에는 검정 드레스에 흰색 에이프런과 모자를 쓴다. 여기에 「목줄 같다」는 평을 듣기도 하는 딱딱하게 풀 먹인 흰색 칼라와 커프스를 달았다. 스커트 길이는 발목을 가리는 정도였지만 일에 따라서는 걷어 올릴 때도 많았다. 이들의 드레스는 일부러 당시의 (추가) 유행보다 뒤쳐지는 디자인을 골랐다. 19세기 초에는 18세기에 유행한 하이 웨스트 드레스를, 19세기 후반에 들어서면서 유행이 지난 보디스(부인용 조끼)를 입었다. 이들의 복장이 구식인 이유는 사용인이 호화로운 복장을 하는 것을 고용주가 싫어했기 때문이었다. 마찬가지로 장신구도 허용되지 않았으며 헤어스타일도 앞머리를 내리는 것은 허용되지 않았다. 신발은 일반적으로 부츠를 신지 않고 무겁고 두꺼운 가죽 신발을 신도록 했다. 또한 지역에 따라서도 차이가 있어서 남쪽에서는 진흙을 피할 수 있도록 높은 단이 달린 신발을, 북쪽에서는 두꺼운 나무 밑창의 신발을 신었다고 한다. 모자는 시대에 따라 다소 변천했지만 대체로 둥글게 부풀어 오른, 테두리에 프릴이 장식된 모브 캡이었다. 속옷도 캘리코나 울로 만든 값싼 속옷이 일반적이었던 것 같다. 그러나 튼튼하지 않았으며 스타킹 등은 딱딱한 구두 때문에 구멍이 잘 났다고 한다. 에이프런은 의상과 마찬가지로 오전과 오후에 바꿔 입도록 되어 있었다. 상급 사용인의 것과는 달리 가슴판이 달린 큰 에이프런으로 등쪽에 끈이 교차하도록 된 디자인이었다. 옷이 더럽혀지는 일이 많은 오전에는 삼베 같이 튼튼한 것으로, 오후는 모슬린 천에 프릴이 달린 것을 많이 했다.

## 여성 사용인의 복장

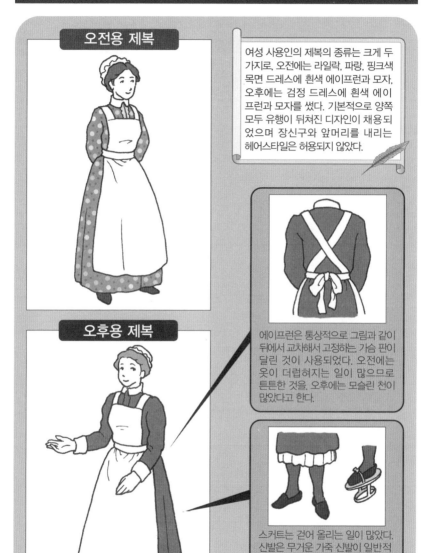

### 오전용 제복

여성 사용인의 제복의 종류는 크게 두 가지로, 오전에는 라일락, 파랑, 핑크색 목면 드레스에 흰색 에이프런과 모자, 오후에는 검정 드레스에 흰색 에이프런과 모자를 썼다. 기본적으로 양쪽 모두 유행이 뒤쳐진 디자인이 채용되었으며 장신구와 앞머리를 내리는 헤어스타일은 허용되지 않았다.

### 오후용 제복

에이프런은 통상적으로 그림과 같이 뒤에서 교차해서 고정하는, 가슴 판이 달린 것이 사용되었다. 오전에는 옷이 더럽혀지는 일이 많으므로 튼튼한 것을, 오후에는 모슬린 천이 많았다고 한다.

스커트는 걷어 올리는 일이 많았다. 신발은 무거운 가죽 신발이 일반적이었지만 지방에 따라 차이가 있으며 진흙을 피하기 위해서 밑이 단이 달린 신발을 선호했던 곳도 있었다.

관련항목

● 빅토리아 왕조의 여성 패션→No.026

# 남성 사용인 조직도

아주 소수의 사용인밖에 없는 가정에 비해 사용인이 많은 이른바, 「저택」에서는 복잡한 서열과 조직으로 사용인을 관리했다.

## ● 사용인의 복잡한 계층

많은 사람들이 모여 효율적으로 일을 할 경우 필요한 것이 조직이다. 이것은 사용인에게도 예외는 아니었다. 사용인을 많이 쓰는 중류~상류 계층의 저택에서는 부문별로 나뉘고 서열이 엄격하게 정해져 있었다. 그러면 사용인의 조직은 어떻게 되어 있었을까?

우선 실내 사용인부터 살펴 보면, 큰 저택의 경우 저택의 가사 전반을 맡고 있는 **저택관리인**House steward이 사용인 전체를 총괄했다. 저택 관리인이 없는 집에서는 그 역할을 **집사**Butler가 담당하고 **하인**Valet 이외의 남성 사용인을 감독한다. 여기에 고용주 직속인 하인과 **주방장**Chef을 더해 어퍼 텐이라고 불리는 이들은 상급 사용인으로 대부분이 특별한 기술을 습득한 사용인이었다.

한편 로워 파이브라고 불리는 하급 사용인은 **종복**Footman 등을 중심으로 한 실내 사용인이며 그들은 제복을 입고 실내 서비스에 종사했다고 한다.

다음으로 아웃 도어 스탭이라고 불리는 사용인이 있는데 업무의 내용에 따라 크게 두 가지 부문으로 나뉘었다. 하나는 마차와 말의 관리를 담당하는 부문, 또 하나는 저택의 정원을 관리하는 부문이다. **마부**Coachman는 마차와 말의 관리 부문에서 리더이며 그 아래에는 견습과 **말구종**Groom이 있었다. 마부는 제복을 입은 사용인 중에서는 가장 지위가 높으며 경우에 따라서는 실내 사용인을 관리하기도 했던 것 같다.

한편 저택의 정원을 관리하는 사람이 **정원사**Gardener다. 업무는 농장의 관리, 정원 관리 등 다양하며 정원사 조수, 임시 고용직 등 많은 사람들이 동원되었다. 정원사의 지위도 또한 집사와 견줄 정도로 높았으며 어떨 때는 집사보다도 급여가 높았다고 한다.

아웃 도어 스탭에는 이 외에도 저택의 사냥터를 지키는 **사냥터 관리인**Game keeper, 문지기 같은 사용인들이 있었다.

## 남성 사용인 조직도

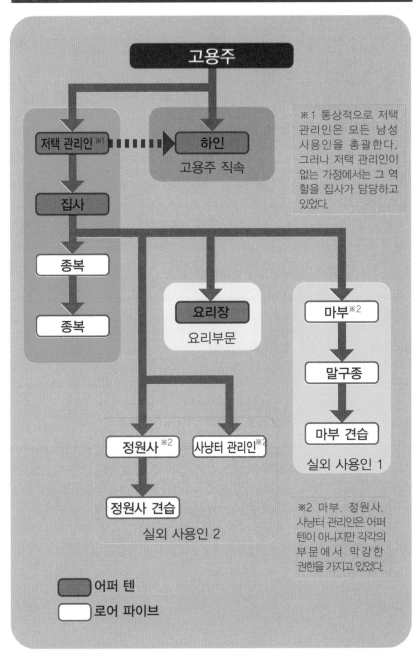

고용주

저택 관리인 ※1

하인
고용주 직속

집사

종복

종복

요리장
요리부문

마부 ※2

말구종

마부 견습
실외 사용인 1

정원사 ※2

사냥터 관리인 ※2

정원사 견습
실외 사용인 2

어퍼 텐
로어 파이브

※1 통상적으로 저택 관리인은 모든 남성 사용인을 총괄한다. 그러나 저택 관리인이 없는 가정에서는 그 역할을 집사가 담당하고 있었다.

※2 마부, 정원사, 사냥터 관리인은 어퍼 텐이 아니지만 각각의 부문에서 막강한 권한을 가지고 있었다.

# 저택 관리인

## House steward

고용주 집안의 가사 전반을 총괄하는 저택 관리인(House steward). 집을 지배한다는 의미에서는 고용주 이상의 권한을 가지고 있었다.

## ● 저택 관리인의 역사

**저택 관리인**House steward은 가사 전반을 고용주를 대신하여 관리하는 사용인이다. 현재 우리가 쉽게 떠올리는 「**집사**Butler」의 이미지에 가장 가까운 것이 바로 이 저택 관리인이다. 옛날에는 상류 가정 출신자가 했으며 시대가 지나도 신분이 높은 사람이 하는 직업으로 여겼다. 그래서 상당히 유복한 가정이 아니면 고용할 수 없었다고 한다.

저택 관리인은 모든 사용인들의 위에 군림하는 존재이며 일부를 제외한 남성 사용인, 여성 사용인 양쪽을 모두 총괄했다. 저택 관리인에게는 개인 방과 주변 잡일을 돕는 사용인이 제공되었고 고용주와 직접 접촉하는 것이 적은 하위 사용인들에게는 고용주와 동급의 존재로 여겨졌다고 한다.

## ● 저택 관리인의 조건과 업무

저택 관리인은 그 일의 성질상, 가사에 관해서는 경험이 풍부하고 예의 바르고 냉정하며 침착해야 했다. 또한 이상적인 영국 신사의 이미지라고 할 수 있는 존재이기 때문인지 대부분의 경우 영국인이 채용되었다고 한다.

저택 관리인의 주요 업무는 사용인의 총괄과 가계 관리다. 사용인 고용, 식료품과 일상 생활 용품 등의 관리와 구입 등의 가계 관리, 어떨 때는 사용인을 교육하기도 했고 때에 따라서는 위로도 했다. 게다가 귀중품의 관리, 공적 서류의 작성 등도 이들의 업무였으며 고용주의 평판과 가정의 평안함은 이들의 양 어깨에 달렸다고 해도 과언이 아니었다.

대부분의 경우 저택 관리인은 모든 업무가 순조롭게 가고 있는지를 확인하는 것이 고작이며 어떨 때는 고용주를 쥐락펴락하면서 쾌적한 생활을 만끽했다고 한다.

## 저택 관리인의 특징과 직무

### 주요 업무 내용

| | |
|---|---|
| 사용인 고용과 감독 | 공문서 작성 |
| 가계 관리 | 고용주 대행 |
| 귀중품 관리 | |

House steward

하우스 스튜어드

### 조건

직무 경험

예의 바름

냉정 침착함

출신 계층이 좋은 영국인

### 비고

가장 지위가 높은 사용인으로 우리기 흔히 생각하는 「집사」의 이미지에 제일 가까운 존재. 고용주 대신 여러 가지 업무를 한다. 신분이 낮은 사용인들로부터는 고용주와 동등하게 여겨졌던 듯 하다.

# 집사

Butler

현재는 고용주의 저택에 관한 모든 것을 총괄하는 이미지를 가지고 있는 집사(Butler). 그러나 집사는 원래 고용주의 풍요로운 식생활을 책임지는 일이 주 업무였다.

## ● 집사의 역사

집사$^{Butler}$는 「Butler」라는 이름에서 알 수 있듯이 원래 고용주 집의 술병, 즉 주류를 관리하는 일을 담당했다. 그러나 손님을 접대하는 일이 많은 고용주 집에서 주류 관리는 중요한 의미를 가졌고, 집사는 시대가 흐르면서 사용인 전체의 중심적인 존재가 되었으며 업무도 다양화되어 현대에 와서는 고용주의 비서 역할을 담당하게 되었다.

집사는 남성 사용인 중에서도 드물게 제복을 입지 않는 사용인이었다. 손님을 접대하기 때문에 정장을 입어야 했지만 고용주와 구분하기 위해서 어딘가 조화가 안 되거나 유행에 뒤처진 디자인이 많았다고 한다.

## ● 집사의 조건과 업무

집사를 고용할 때 중시된 것은 경험과 수완이었다. 그래서 다른 저택에서 경험을 쌓은 사람이 우대를 받았다. 또 접객이라는 업무상, 외모도 중시되었다. 당시 구인 광고에는 그런 내용이 기재된 예가 많았으며 또한 독신을 선호했던 듯 하다.

집사의 주요 업무로서 들 수 있는 것이 주류의 관리와 식사 때의 서비스다. 이들은 아침 일찍부터 **팬트리**$^{Pantry}$와 **주류 저장실**$^{Cellar}$에서 그날 사용할 주류를 꼼꼼하게 체크한다. 필요하다면 와인도 정제하고 어떨 때는 맥주 양조도 한다고 한다. 그리고 식사 때에는 식사가 원활하게 진행되도록 세세하게 신경을 쓰고 식사 후에는 고용주들이 쾌적하게 지낼 수 있도록 거실의 환경을 정리했다.

본래의 업무에 몰두할 수 있었던 건 큰 저택에 고용된 경우로 대개 집사들은 다른 남성 사용인의 일까지 해야만 했다.

## 집사의 특징과 직무

### 조건

직무 경험

수완

훌륭한 외모

독신자

### 주로 일하는 곳

집사의 방

팬트리

주류 저장실

버틀러

Butler

### 주요 업무 내용

남성 관리인 고용 및 감독

주류 관리 및 보관

식사 때의 서비스 전반

은식기 등의 관리

손님 응대

### 비고

「Butler」라는 이름에서 알 수 있듯이 원래는 주류를 관리하는 일을 했다. 시대가 흐르면서 사용인 전체의 관리를 하는 현재의 집사라는 입장으로 변했다.

관련항목
●빅토리아 왕조의 식탁→No.023
●남성 사용인 조직도→No.057
●남성 상급 사용인의 복장→No.066
●팬트리와 주류 저장실→No.071

# 하인

## Valet

항상 고용주를 옆에서 모시며 생활을 돕는 남자 하인(Valet). 그래서 좋은 하인은 그 무엇과도 바꿀 수 없는 존재였다.

## ● 하인의 역사

하인Valet은 「신사에게 붙어 있는 신사」 라고 불리는 존재이며 고용주를 보좌하는 일이 업무다. 고용주 직속 사용인으로 **저택 관리인**House steward 이하의 남성 사용인의 서열에 들어가지 않는 경우가 많다. 대개 이들의 역할은 저택 관리인과 **집사**Butler도 겸하고 있으며 **하인**이 있다는 것만으로 일종의 사회적 지위가 높다는 상징이기도 했다. 그래서 이들은 우대를 받는 경우가 많았고 전용 개인 방도 받았다고 한다. 복장도 제복이 아니라 주인에게 물려 받아서 입었으므로 신사와 같은 모습이었다.

하인은 업무의 성격상, 고용주와 친밀해지는 경우가 많아서 어떨 때는 주인의 임종을 지키는 사람이 되기도 했다고 한다. 그러나 너무 친밀한 것이 문제가 되어 어떨 때는 귀찮은 존재로 여겨지기도 했다.

## ● 하인의 조건과 업무

하인은 대체로 독신의 젊은 신사 계급이나 독신으로 초로의 신사 계급인 사람이 많았다. 그 일의 성격상 배려심이 많은 사람이어야 했으며 고용주와 항상 행동을 같이 해야 하므로 잘 생기고 행동이 세련된 사람이어야 했던 것 같다.

이들의 업무는 기본적으로 고용주를 보좌하는 일이다. 옷의 먼지 털기, 부츠의 청소와 같은 옷 관리, 헤어스타일 관리와 수염 정리 등 얼굴 치장을 돕기도 하고 여행할 때는 관련 일을 준비하기도 하고 보디 가드가 되기도 하고 어떨 때는 통역사가 되기도 했다. 고용주는 안주인과 마찬가지로 이들에게 의존했으며 이들이 없으면 부츠조차 못 벗는 고용주도 있었다고 한다. 하인은 고용주가 쾌적하게 생활을 하고 위엄을 계속 유지할 수 있도록 항상 신경을 썼다.

하인의 특징과 직무

## 주요 업무 내용

고용주의 의복 관리 및 수선

여행 수속 및 통역

장식품과 화장품 관리

보디 가드

고용주의 몸 단장 보조

사혈 등으로 몸 상태 관리

외출 때 동행

발레스

Valet

## 조건

어느 정도의 출신 신분

예의범절

잘 생긴 외모

배려심

## 비고

고용주 직속 남성 사용인. 시녀와 마찬가지로 고용주를 보좌한다. 입장 상 고용주와 친밀해지기 쉽다.

# 종복

Footman

제복을 입고 여러 가지 일을 하는 핸섬한 종복(Footman)들. 그러나 이들은 단순한 장식 같은 존재가 아니라 자신들의 업무를 자랑스럽게 여겼다.

## ● 종복의 역사

종복Footman은 집사Butler 직속의 사용인으로 다양한 일을 했다. 그래서 남성 사용인 중에서는 시간적으로 구속 받는 일이 많고 파티 등이 있는 경우에는 잘 시간조차 없었다. 반면 고용주가 볼 일을 보러 외출을 할 때나 아무 일도 없는 날은 점심부터 만찬 때까지는 비교적 자유로웠고 머리가 좋은 종복은 그 기회에 평소에 쌓인 피로를 풀었다고 한다. 20세기 초까지 대부분의 가정에서는 일 년에 두 번 종복에게 제복을 지급했다. 유복한 가정에서는 머리에 뿌리는 가루Powder*도 지급하여 항상 머리를 세팅하도록 시켰던 듯 하다. 그러나 이 가루를 수상하게 여긴 종복들은 가루로 인한 모발의 손상과 대머리가 될 지도 모른다는 공포와 싸워야 했다.

## ● 종복의 조건과 업무

종복이 되기 위해서 가장 중시된 것은 외모와 체력이었다. 당시 구인 광고를 보면 키가 크고, 잘 생기고 탄탄한 체형의 젊은이를 원하는 고용주가 상당히 많았다는 것을 알 수 있다. 특히 큰 키와 잘 빠진 장딴지는 때로 급여에까지 영향을 미칠 정도로 중요한 요소였다.

종복의 일은 식사 때의 시중과 손님 응대, 마차로 외출하는 안주인의 수행원 역할, 석탄 운반, 램프와 촛대 관리, 식기 정리 등 실로 다양했다. 그 중에서도 특히 체력을 필요로 하는 것이 바로 급한 편지를 전달하는 것으로 마차보다 빨리 달릴 정도였다. 불성실한 종복이라면 편지를 적당한 시간에 전달하러 갔지만 성실한 종복은 편지를 전달하기 위해서 알아서 뛰었다고 한다. 이들의 업무는 많이 바쁘고 피곤한 일도 많았지만 종복들 대부분이 자신의 일을 자랑스럽게 생각했다.

---

※ 편집부 주 : 가발이나 머리를 하얗게 만들기 위해 뿌린 가루. 사실은 하얀 밀가루였다.

## 주요 업무 내용

| | |
|---|---|
| 식사 때의 시중 | 편지와 메시지 전달 |
| 손님 대응 | 램프, 촛대 관리 |
| 안주인 외출 때 수행원 역할 | 은식기 등의 청소 관리 |
| 고용주의 보디 가드 | 마차보다 앞서 진로를 알리는 일 |

Footman

풋맨

## 조건

잘 생긴 외모

큰 키

아름다운 장딴지

강한 체력

## 비고

제복을 입은 남성 사용인. 큰 저택의 경우라면 집사의 부하. 그렇지 않은 경우에는 수가 적은 남성 인력으로 여러 가지 일에 종사했다. 외모는 좋지만 내면은 거기에 미치지 못하는 사람도 많았다고 한다.

관련항목
● 상류 계층→No.014
● 남성 사용인 조직도→No.057
● 저택 관리인→No.058
● 집사→No.059
● 남성 상급 사용인의 복장→No.066

# 주방장

영국인의 식탁을 이국의 향기로 물들이는 주방장(Chef). 상류 계층의 사회적 지위에 대한 상징인 이 주방장은 제멋대로에 변덕스런 존재였다.

## ● 주방장의 역사

주방장Chef은 상류 계층에서도 고용하는 일이 극히 드문 사용인으로 이들을 고용하는 것은 일종의 사회적 지위를 상징하는 대단한 것이었다. 이들 대부분은 프랑스 혁명으로 직업을 잃은 귀족 전속 요리사로 요리에 관해서 영국인들은 이들과 어깨를 나란히 할만한 입장이 아니었다고 한다. 그래서 파티 등 손님을 접대하는 일이 많은 고용주에게 이들은 상당히 중요한 존재였다.

그러나 이들은 아주 변덕스러운 존재로 마음에 들지 않으면 바로 직장을 바꾸었다고 한다. 또 이들이 만든 요리는 멋지고 맛도 좋았지만 대식가인 영국인들에게는 양이 적은 편이었던 듯 하다. 어떤 귀족은 로스트 비프가 나올 때가 되어서야 겨우 식사를 시작했다는 느낌일 정도라고 했다고 전해진다.

## ● 주방장의 조건과 업무

주방장이 되기 위한 조건은 무엇보다도 요리 실력이다. 그래서 엉성한 미각의 소유주인 영국인이 아니라 프랑스인이나 이탈리아인을 주방장으로 고용했다. 그 중에서도 프랑스인은 특히 우대 받아서 **상류 계층** 사람들은 체면을 유지하기 위해서 일부러 이들을 고용했다고 한다.

주방장의 일은 요리 전반의 책임을 지고 감독하는 일이다. 거의 대부분의 경우 이들 자신이 요리를 직접 하는 것이 아니라 영국인 사용인들에게 시켰다. 또한 재료의 사용도 상당히 사치스러워서 그것 때문에 다른 사용인이나 고용주와 싸우는 일도 많았던 것 같다. 이 외에도 주방장은 여성 사용인에게 요리 기술을 가르치기 위해서 단시간만 고용되는 경우도 있었다. 이 경우에도 상당히 비싼 급여로 고용되었으며 셰프들은 어느 정도 재산을 축적하면 고국으로 돌아갔다고 한다.

## 주방장의 특징과 직무

### 조건

직무 경험

요리 기술

### 주로 일하는 곳

주방

셰프

Chef

### 주요 업무 내용

주방 감독

식재료 관리 및 조달

조리

요리 지도

### 비고

일부 상류 계층만 고용했던 남성 사용인. 프랑스인이나 이탈리아인이 많다. 재료를 아끼지 않고 사용하고 자기 주장이 강하므로 고용주와 트러블이 생기는 일도 있었다.

관련항목
- 상류 계층→No.014
- 요리사→No.044
- 남성 사용인 조직도→No.057
- 귀족→No.089

# 마부

## Coachman

주인을 목적지까지 데려다 주는 마부(Coachman). 승합 마차의 마부와는 달리 자가용 마차의 마부는 그 집안의 사회적 지위를 나타내는 것 중의 하나였다.

## ● 마부의 역사

마부Coachman는 마차의 운용과 관리, 말구종Groom처럼 말을 돌보는 사용인을 총괄하는 사용인이다. 사용인의 직종으로서는 꽤 오래된 부문이며 그 지위는 제복을 입은 사용인 중에서도 최상급이었다. 통상적으로 마구간Stable의 2층을 숙소로 사용했지만 경우에 따라서는 깨끗한 단독 주택을 제공받기도 했다. 게다가 마부 존재 자체가 사용인을 고용하는 계층 중에서도 극히 한정된 가정에서만 고용했다. 당시 영국에서는 자가용 마차를 소유하는 것 자체로도 사회적 지위가 높은 것을 의미했다. 자가용 마차를 소유할 수 없는 의사는 사회적 신용을 얻을 수 없었다. 이런 경향은 철도가 발달해도 흔들리지 않았으며 자가용 마차의 지위를 자가용 자동차가 대신하는 19세기 후반까지 마부와 말구종의 수는 계속 늘어갔다.

## ● 마부의 업무

마부에게 제일 중요한 업무는 마차를 몰아서 고용주를 목적지까지 데려다 주는 것이다. 고용주가 출발한다는 말을 하면 20분 이내에 출발할 수 있도록 준비를 해야 하며 도중에 방향을 바꾸는 것은 고용주의 얼굴에 먹칠을 하는 일이므로 온 신경을 집중해서 마차가 갈 길을 정해야 했다. 또 고삐 다루는 솜씨도 중요하며 부드럽게 그리고 그다지 빠르지 않는 속도로 말을 달리게 하는 것이 이상적이었다고 한다. 마부와 말구종이 여럿 있는 가정이라면 말을 제대로 보살피는지 마구 관리가 잘 되어 있는지 마구간 청소를 제대로 하는지 등을 확인하는 것 역시 제일 높은 마부의 일이었다. 또한 가정에 따라서는 말에게 주는 사료 등의 주문과 관리도 담당하고 있었지만 마부가 한 명인 가정에서는 모든 일을 혼자서 다 해야 했다.

마부의 특징과 직무

## 주요 업무 내용

| | |
|---|---|
| 마차 몰기 | 마구간 관리 |
| 말 돌보기 | 말구종과 마구간지기 등을 관리 및 지도 |
| 마차 관리 | 사료 주문과 관리 |

Coachman

코치맨

## 주로 일하는 곳

마구간

마차로 이동하는 곳

## 비고

마차 운용 및 관리, 말구종 등 마구간에서 일하는 사용인들을 총괄하는 남성 사용인. 제복을 입은 사용인 중에서 가장 지위가 높다. 부드러운 채찍질로 마차를 달리게 하는 일이 중요했다.

관련항목
●빅토리아 왕조의 운송 수단과 교통 수단→No.031
●남성 사용인 조직도→No.057
●그 외 남성 사용인→No.065
●마구간→No.076

# 정원사

Gardner

정원사(Gardner)는 남성 사용인 중에서도 특이한 존재다. 일은 저택의 정원이라고 하는 격리된 공간에서 행해지며 그 입지도 독보적인 것이었다.

## ● 정원사의 역사

**정원사**Gardner는 이름대로 고용주의 저택 정원과 가정 텃밭 등을 관리하는 사용인이다. 사용인 고용 계층이 정원에 대한 흥미가 높아서 19세기부터 20세기에 이르기까지 그 수는 계속 늘었다. 일설에 의하면 빅토리아 왕조의 남성 사용인 중에서 가장 수가 많은 것이 정원사였다고 한다. 정원사는 임시 고용 정원사에서 런던 만국 박람회로 유명한 수정궁 설계자까지 그 일과 신분은 다양했던 것 같다. 최고의 지위인 정원사의 리더가 되면 상급 사용인 중 한 명으로 대우를 받았으며 개인 방이 지급되고 어떨 때는 주택도 제공받았다.

## ● 정원사의 조건과 업무

정원사는 일의 성격상, 체격이 좋고 활동적이며 참을성이 강하고 건강한 사람이 선호됐다. 정원사의 리더는 풍부한 경험과 기술도 요구되었지만 임시 고용 정원사의 경우는 정원사 리더의 지시에 따라 단순 노동을 했기 때문에 미경험자라도 별로 상관이 없었다. 그러나 방문객을 안내하면서 정원을 도는 일이 많기 때문에 어느 정도 지위에 있는 정원사는 최소한의 예의범절을 알아야 했다. 결혼 여부는 그다지 중요하지 않았으며 남편이 정원사이고 아내가 **요리사**Cook를 하는 가족 단위의 고용도 있었다.

정원사의 일은 정원의 설계와 관리, 가정 텃밭과 온실의 관리, 방문객 안내와 대응 등 다양했다. 정원 관리는 고용주의 위엄에, 가정 텃밭 관리는 저택에 사는 모든 사람들의 식탁에 직결되는 중요한 일이었다. 게다가 정원사의 리더라면 부하의 관리까지 해야 했다. 이들 대부분은 소년 시절부터 정원사 견습으로 저택 정원에서 일하고 다양한 저택을 경험하면서 실력을 닦았다고 한다.

## 정원사의 특징과 직무

### 조건

직무 경험과 기술

예의범절

성격이 좋고 활동적

강한 인내심

### 주로 일하는 곳

정원

가정 텃밭

온실

가드너

Gardener

### 주요 업무 내용

정원의 설계, 관리

가정 텃밭 관리

온실 관리

손님 안내와 응대

### 비고

저택의 정원과 가정 텃밭을 관리하는 사용인. 빅토리아 왕조 시대를 통틀어 그 수가 계속 늘었다. 정원사의 리더에서 견습까지 다양한 신분이 있다.

# 그 외 남성 사용인

빅토리아 왕조에서는 크게 수가 줄어든 남성 사용인. 그러나 큰 저택 등에서는 여전히 다양한 종류의 남성 사용인이 활약하고 있었던 듯 하다.

## ● 그 외 남성 사용인들

특별히 항목을 만들어 따로 소개하지는 않았지만 그 외 남성 사용인도 다양했다. 그 중에서도 먼저 알아두어야 할 것이 **토지 관리인**<sup>Bailiff</sup>, **지주 대리**, **임차 관리인**이라고 불리는 사람들일 것이다. 이들은 고용주 대신에 토지를 관리하고 임차인에게 토지대금을 징수하거나 토지 내의 농지를 관리했다. 어퍼 텐 중에서 가장 아래에 속하는 **객실 접대 하인**<sup>Groom of chambers</sup>은 이름 그대로 객실 관리와 손님 응대를 하는 직업이었지만 그 중요성에 비해 일 자체는 편했던 듯 하다. 실내 사용인에는 이 외에도 식사 때 시중을 들고 잡일을 하는 **급사**<sup>Page</sup>, **주방**<sup>Kitchen</sup>의 잡일을 하는 **주방 허드렛일꾼**, 식탁의 나이프 등을 관리하는 **나이프 보이**<sup>Knife boy</sup>, 램프를 관리하는 램프 담당 하인, 각 상급 사용인을 모시는 사용인 등이 존재한다. 그러나 이들 사용인은 어디까지나 큰 저택에만 존재했고 모든 사용인을 다 갖춘 곳도 드물었다.

한편 실외 사용인은 아래와 같은 종류로 나뉠 수 있다 먼저 **마구간**<sup>Stable</sup> 관련 하인으로 **말구종**<sup>Groom</sup>과 **마구간지기**<sup>Stable boy</sup>가 있다. 이들은 주로 **마부**<sup>Coachman</sup>의 밑에서 말을 돌보거나 마구간을 청소 관리했다. 돈을 아끼지 않는 집이라면 마구간 관련 하인은 더욱 많다. 금속제 식기를 손질하는 소년, 제복을 입고 자세를 좋게 하고 말을 타고 있을 **타이거**<sup>Tiger</sup>라고 불리는 소년 등이 고용되었던 듯 하다.

다음으로 **사냥터 관리인**<sup>Game keeper</sup>를 들 수 있다. 이들의 업무는 언뜻 지루한 것 같지만 상당히 중요한 일이었다. 사냥은 상류 계층의 오락이며 동시에 정치적으로 중요한 의미를 가지고 있었다. 그래서 사냥터를 안내하고 동물을 관리하는 이들은 꼭 필요한 존재였다. 또한 당시는 밀렵이 횡행했던 시대인 만큼 이들이 없으면 저택 사냥터는 밀렵꾼 때문에 엉망진창이 되어버렸을 것이다.

## 그 외 주요 남성 사용인

### 토지 관리인/bailiff

**실내 사용인**

비고 : 상류 계층의 가정 중에서도 상당히 수준이 높은 집에만 존재한다.

직무 : 고용주 대신 토지를 관리하고 또한 임차인에게 토지대금을 징수하며 농지를 관리하기도 한다.

### 객실 접대 하인/groom of chambers

**실내 사용인**

비고 : 옛날부터 있던 하인이지만 빅토리아 왕조에서는 거의 찾을 수 없다.

직무 : 객실의 관리, 손님 접대 등이 주요 업무. 비교적 편한 직업이었던 듯 하다.

### 급사/page, 나이프 보이/knife boy

**실내 사용인**

비고 : 특별히 경험이 없는 소년 등이 하는 경우가 많은 직업이다.

직무 : 급사는 식사 때 시중과 잡일 등을 주로 한다. 나이프 보이는 이름대로 나이프를 손질한다.

### 말구종/groom, 마구간지기/stable boy

**실외 사용인**

비고 : 마부의 밑에서 일하는 사람들. 주로 마구간에서 숙식한다.

직무 : 마구간 청소, 마구 관리, 말의 건강 관리 등이 주요 업무. 경우에 따라서는 마부나 급사가 대신 하기도 한다.

### 사냥터 관리인/game keeper

**실외 사용인**

비고 : 업무의 중요성 때문에 그 지위는 상당히 높았다.

직무 : 사냥터 관리와 안내. 사냥 대상이 되는 동물의 사육과 밀렵꾼 검거도 업무 중 하나.

# 남성 상급 사용인의 복장

엄격한 가풍과 기품이 있는 집사(Butler)와 하인(Valet)의 복장. 거기에는 다양한 실용성과 고용주에 대한 배려가 담겨 있었다.

## ● 고용주와의 차별화가 요구된다

17세기 이전, 상급 사용인과 고용주를 나누는 상징은 두건이었다. 두건 이외의 것은 고용주의 특권이며 사용인들은 결코 써서는 안됐다고 한다. 그런데 17세기에 들어서면서 남성 상급 사용인 대부분은 제복을 입지 않게 되었다. 위에서 말한 두건도 폐지되고 고용주와 거의 같은 복장을 하고 있는 사용인들에게 방문객이 혼란스러워하는 경우도 있었다고 한다. 사실 엄밀히 따지면 동등한 수준의 복장이 아니라 값싼 소재로 만든 복장인 경우가 많았다.

19세기에 들어서면서 상급 사용인들의 복장과 고용주와의 차별화가 이루어진다. 이들은 고용주의 복장을 눈에 띄게 하면서 신사로서의 위엄을 유지하기 위해서 18세기의 신사를 흉내 낸 복장을 입었다. 예를 들면 브리치즈라고 불리는 반바지에 흰색 스타킹, 흰색 조끼에 벨벳 칼라와 금색 단추로 장식된 감색 상의를 입었다.

1870년대에 들어서면서 **집사**Butler의 복장은 더욱 새로워졌다. 현재 널리 알려진 검정색 연미복에 검정 바지, 풀 먹인 흰색 셔츠에 검정색 나비 넥타이를 했다. 그러나 이 경우에도 질이 좋은 복장은 엄격하게 금지되었고 심플하고 몸에 잘 맞는 것을 입도록 주의를 받았다. 여기서 중요한 것이 리넨으로 만든 큰 사각 에이프런이다. 이것은 이들이 식료품 **팬트리**Pantry와 **주류 저장실**Cellar에서 일할 때 반드시 착용했던 것이다.

한편 **하인**Valet도 유행에 뒤쳐진 패션을 계속 입기 위해서 노력했다. 19세기 초, **상류 계층** 사람들이 가발을 쓰지 않게 된 후에도 이들은 가발을 쓰고 브리치즈가 사라지고 판탈롱과 바지가 일반적으로 입게 된 후에도 브리치즈를 계속 입었다.

## 집사의 복장

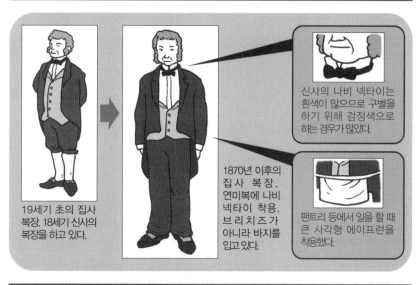

19세기 초의 집사 복장. 18세기 신사의 복장을 하고 있다.

1870년 이후의 집사 복장. 연미복에 나비 넥타이 착용. 브리치즈가 아니라 바지를 입고 있다.

신사의 나비 넥타이는 흰색이 많으므로 구별을 하기 위해 검정색으로 하는 경우가 많았다.

팬트리 등에서 일을 할 때 큰 사각형 에이프런을 착용했다.

## 하인의 복장

하인은 기본적으로 가발을 착용하는 경우가 많다.

집사와는 달리 브리치즈를 계속 입었다.

하인의 복장은 기본적으로 19세기 초기의 집사 복장과 크게 다르지 않다. 그러나 집사와는 달리 19세기가 끝날 때까지 유행에 뒤처진 복장을 했다.

---

관련항목

- ●빅토리아 왕조의 남성 패션→No.025
- ●저택 관리인→No.058
- ●집사→No.059
- ●하인→No.060

# 종복의 제복

종복(Footman)은 항상 주인과 동행하며 손님 등의 눈에 띄는 일이 많은 직종이다. 그래서 복장도 화려한 것이 많았다.

## ● 고용주의 위엄을 나타내는 화려한 복장

　　종복Footman의 정장은 시대별로 몇 번인가 수정이 됐지만 16세기부터는 거의 바뀌지 않았다. 금색의 몰과 단추로 장식되어 옷깃과 소매를 접으면 색이 보이는 무릎까지 내려오는 플록 코트. 화려한 색상의 브리치즈에 스타킹. 거기에 외출할 때는 버클로 고정하는 신발, 실내에서는 펌프스를 신고 있었다. 머리는 가발을 쓰든지 머리카락에 가루를 뿌려 정리하고 외출 시에는 삼각 모자를 쓰고 끝이 금속으로 보강된 지팡이를 가지고 다녔다. 1850년대부터 종복은 정장이 아닐 때는 코타라고 불리는 상의를 입었다고 한다. 이것은 짧은 연미복으로 무릎에서 2인치 위로 뒤의 옷자락이 수평으로 잘려 있었다. 앞에서 배 부분에서 측면의 재봉선에 걸쳐 수평으로 잘려 있고 많은 단추로 장식되어 있다. 이러한 종복의 복장 대부분에는 겨드랑이의 재봉선 등에 슬래쉬라 불리는 칼집이 들어 있었지만 지팡이를 칼 대신에 소지하는 것과 마찬가지로 이전 시대부터 내려오는 취향이었던 듯 하다. 바지는 정장일 때와 마찬가지로 브리치즈를 입을 때가 많았지만 이 시대에서는 바지를 입는 것도 허락되었다. 실제 신사처럼 흰색 나비 넥타이에 이브닝 드레스를 입기도 했다고 한다. 그러나 상의는 금색 단추 등으로 화려하게 장식되어 있어 어디까지나 사용인이라고 한눈에 알아보도록 했다. 모자는 정장 때와는 달리 실크 해트를 쓰고 오버 코트를 입는 것이 일반적이었다.

　　그리고 종복의 특징적인 복장 중 하나가 수평으로 줄무늬가 들어간 조끼다. 이것은 실내 사용인 제복의 특징으로 실외 사용인의 경우 줄무늬는 수직이었다. 정장의 경우도 그렇지 않은 경우도 이들은 상의의 앞쪽을 열어 두고 있으며 이 특징적인 조끼를 노출했었다고 한다.

## 하인의 제복(보통)

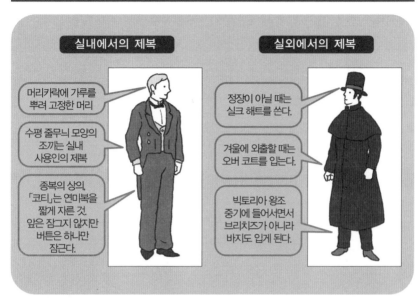

### 실내에서의 제복

머리카락에 가루를 뿌려 고정한 머리

수평 줄무늬 모양의 조끼는 실내 사용인의 제복

종복의 상의, 「코티」는 연미복을 짧게 자른 것. 앞은 잠그지 않지만 버튼은 하나만 잠근다.

### 실외에서의 제복

정장이 아닐 때는 실크 해트를 쓴다.

겨울에 외출할 때는 오버 코트를 입는다.

빅토리아 왕조 중기에 들어서면서 브리치즈가 아니라 바지도 입게 된다.

## 하인의 제복(정장)

### 실내에서의 제복

머리카락에 가루를 뿌려 고정한 머리. 가발일 때도 있다.

옷깃과 소매를 접은 부분의 색을 맞춘 플록 코트. 금색 몰 등으로 장식되어 있다.

화려한 색의 브리치즈에 스타킹. 신발은 펌프스

### 실외에서의 제복

삼각 모자. 저택에 따라 실크 해트를 쓰는 경우도 있다.

지팡이. 당시는 가지고 다닐 수 없던 검 대신으로

장식용 슬래쉬를 갖추고 있는 경우도 많다.

외출 때는 버클이 달린 신발을 신는다.

관련항목

● 종복→No.061

# 교육 기관의 성립과 그 내부 사정

빅토리아 왕조 중기부터 많이 설립되기 시작한 사용인 학교. 그 성립 배경에는 여러 가지 의도가 숨어 있었던 듯 하다.

## ● 사용인의 부족

18세기 말부터 19세기에 걸쳐 사용인에 대한 수요는 점차 늘어났는데 이는 높은 경제력을 가지게 된 **중류 계층** 사람들이 **상류 계층**을 흉내 내서 사용인을 고용하면서부터다. 또한 여성이 일을 할 수 있게 되면서 직업의 폭이 넓어진 것도 원인 중 하나였다. 이러한 흐름이 못마땅했던 상류 계층 사람들은 이런 흐름을 멈추게 하기 위해서 한 가지 방법을 생각해냈다. 그것은 바로 학교에서 하는 사용인 교육이다. 하지만 보통 여학교에서는 이들의 제안이 거의 받아들여지지 않았다고 하여 자선단체와 개인의 기부로 설립된 전문 학교를 통해서 사용인 교육이 활발하게 이루어졌다. 전문 교육을 받은 사용인은 상류 계층에게 상당히 중요하게 여겨졌으며 개인적으로 소규모 학교를 운영하는 여성도 다수 존재했던 듯 하다.

## ● 빈민 계층에 대한 구제책

한편 빈민 계층에 대한 구제책의 일환으로 사용인 교육에 힘을 쓴 사람들도 있었다. 오히려 빅토리아 왕조 이전의 사용인 교육이 이러한 목적으로 이루어진 경우가 많았다. 그중에서도 대표적인 것이 근대 경찰의 성립에 공헌한 존 필딩John Fielding이다. 빈민 계층의 청소년을 해군으로 보내는 시설을 성공시킨 그는 마찬가지로 빈민 계층의 소녀들을 위한 교육 기관의 필요성을 느끼고 있었다. 마찬가지로 매춘부가 되어 버린 여성들의 갱생 시설도 필요하다고 생각한 그는 이들 시설을 설립하기 위해서 많은 노력을 했다고 한다. 이와는 별도로 구빈법New poor Law 인정학교법에 따라 설립된 기숙 학교에서도 빈민 계층 소녀들을 교육했다. 마찬가지로 구빈법 당국이 자선가들과 함께 훈련 학교를 설립하기도 했다.

## 사용인의 교육 기관 설립까지의 흐름

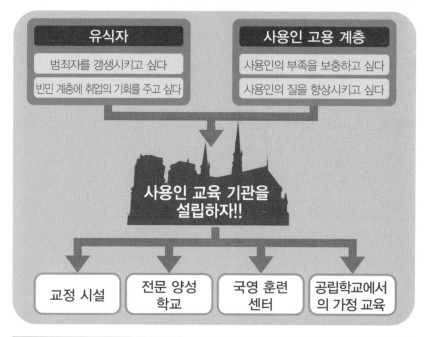

| 유식자 | 사용인 고용 계층 |
|---|---|
| 범죄자를 갱생시키고 싶다 | 사용인의 부족을 보충하고 싶다 |
| 빈민 계층에 취업의 기회를 주고 싶다 | 사용인의 질을 향상시키고 싶다 |

**사용인 교육 기관을 설립하자!!**

| 교정 시설 | 전문 양성 학교 | 국영 훈련 센터 | 공립학교에서의 가정 교육 |
|---|---|---|---|

## 학교에서의 주요 교육 내용

| 가사 노동 | 청소, 불 피우기 등 |
|---|---|
| 세탁 | 소재별 세탁 방법과 다림질 방법 등 |
| 요리 | 석탄, 가스 레인지 등을 사용한 조리 방법 등 |
| 재봉 | 부인복의 봉재, 수선 등 |

**훈련 종료 → 각 가정으로**

※ 학교에 따라서는 일반 교양, 하녀 코스, 주방 하녀 코스 등 전문 커리큘럼이 설계되어 있는 경우도 있었다. 졸업 후에는 인물증명서와 제복이 주어지는 경우도 많았다.

관련항목
- 상류 계층→No.014
- 중류 계층→No.015
- 노동자 계층→No.016
- 빅토리아 왕조의 군대→No.032
- 여성의 사회 진출→No.034
- 경찰관→No.091

# 일본의 사용인 학교

빅토리아 왕조의 영국과 마찬가지로 일본에도 사용인 육성을 위한 학교가 있었다. 그 내부 사정은 어땠을까?

## ● 일본 최초의 하녀 학교

사용인을 양성하는 학교, 하녀 양성소가 도쿄에 설립된 것은 1934년이었다. 그 전에 그런 움직임이 없었던 것은 아니다. 그러나 그것은 멸사봉공을 기대하는 고용주의 입장에 해당되며 프로 직업인으로서의 직장을 원하는 사용인들과의 인식 차이 때문에 실현될 수 없었다.

1934년에 애국 부인회에 의해 설립된 하녀 양성 학교는 이러한 고용주의 수요에 응하기 위한 것이 아니라 곤궁에 빠진 농촌 여성들을 위한 것이었다. 당시 일본은 계속된 천재지변으로 일부 도시지역을 제외한 전국이 심각한 불황을 겪고 있었다고 한다. 그래서 가족을 위해서 몸을 파는 여성, 도시로 일을 하러 온 사람, 경험도 지식도 없기 때문에 나쁜 길로 빠지는 여성 등이 속출했다. 당시 이러한 여성들에게 손을 내민 것이 애국부인회, 일본기독교부인교풍회, 진종부인회 등 세 단체로 이 문제를 해결하기 위해서 여성들이 하녀와 여공으로서 일을 할 수 있도록 알선했다. 하녀 양성소 설립은 이러한 움직임을 더욱 발전시킨 형태였다.

그러면 이 하녀 양성소에서는 어떤 수업을 했을까? 주요 내용으로서 다음과 같은 것을 들 수 있다. 몸가짐에 관한 교육, 도시의 하녀로서의 마음가짐, 가스, 수도, 전기의 사용 방법, 요리와 서빙 후의 뒷정리, 유리 닦는 방법, 시장 보기, 의류 손질, 말투와 전화 응대, 손님에 대한 응대 등 전문적인 직종이라기보다 가사 전반에 걸쳐 훈련을 했다. 일주일 동안 기숙을 하면서 과정을 끝내면 「실습증」이 수여되고 적당하다고 생각되는 가정으로 취직 자리를 소개해 준다. 일본 최초의 하녀 양성소는 당시 매스컴에 대대적으로 홍보되어 많은 하녀 희망자가 몰려들었다고 한다. 그러나 취직 후의 상황이 좋지 않아 대부분의 여성은 6개월 이내에 직장을 그만 뒀다.

## 하녀 양성소 성립까지의 흐름

**사용인**

프로로서의 대우와
직장을 희망

인식의 차이

**고용주**

이전 시대적인
멸사봉공을 희망

구제

설립 실패

**자선단체**

몸을 팔거나 윤락에
빠지는 여성들의
구제조치를 고안

여성 노동자의
지위 향상을
목적으로 설립

하녀 양성 학교

## 하녀 양성 학교에서의 교육

| |
|---|
| 몸가짐 |
| 도시의 하녀로서의 마음가짐 |
| 가스, 수도, 전기의 사용 방법 |
| 요리와 서빙 후의 뒷정리 |
| 유리 닦는 방법 등의 청소 방법 |
| 시장 보기 |
| 의류 손질 |
| 전화, 손님 응대와 예절 |

훈련 종료

각 가정으로

※ 훈련은 영국의 양성 학교와 같은 전문적인 커리큘럼이 아니라 가사 전반과 도시에서의 생활에 적응하기 위한 내용이 많다. 일주일 동안 기숙하면서 과정을 수료하면 「실습증」이 수여되고 적당하다고 생각되는 가정으로 취직 자리를 소개했다.

관련항목

● 일본의 사용인→No.099

# 남자의 성, 서재의 비밀

　컨트리 하우스에서 서재는 고용주가 일상 업무를 보거나 사용인에게 지시를 내리거나(거의 없는 일이였지만) 아이들에게 훈시를 하는 등 사무실로서의 역할을 하는 곳이다. 이름 그대로 방에는 멋진 표지의 책들이 쭉 늘어서 있지만 주의 깊게 보면 몇 가지 이상한 점을 알아차리는 사람도 있을 것이다.

　사실 서재에 놓여져 있는 책 중에는 모조품이 꽤 많다. 심지어 표지는 훌륭한 가죽으로 되어 있지만 속은 나무 블록이거나 책처럼 보이도록 꾸며놓은 선반인 경우도 있다. 그 중에는 소설 속에서나 나올 법한 움직이는 책장도 있었다고 한다. 빅토리아 왕조 중기까지 책이라는 것은 아주 비싼 물건이었다. 식자층도 그렇게 많지 않았으며 훌륭한 표지의 책을 가지고 있다는 것만으로도 충분히 사회적 지위가 올라갈 정도였다. 즉 책이 많다는 것을 보여줄 필요가 있었을 뿐으로 책의 내용 그 자체에는 별 의미가 없었다. 이러한 사정은 사용인이 책을 다루는 태도에서도 나타난다. 그들은 책 표면의 먼지를 털기는 해도 결코 한 권씩 꺼내서 벌레가 먹지 않도록 말리거나 하지는 않았다.

# 제 3 장

# 지하 생활과
# 그 주변 사람들

# 사용인의 생활 공간

입주해서 일하는 경우가 많았던 사용인들. 같은 저택에 살면서도 지하에서의 생활 공간은 고용주의 생활 공간과는 많이 달랐다.

## ● 사용인들의 침실

속된 말로 지하에 사는 사람들이라고 불린 것처럼 사용인들의 생활 공간은 지하실과 지붕 밑 방 등 도저히 쾌적하다고는 말할 수 없는 장소였다. 또한 당시의 도덕적 관념 때문에 남녀가 서로 다른 장소에서 잘 수 있도록 세심한 주의를 했다고 한다.

**집사**Butler나 **가정부**Housekeeper와 같이 일부 상급 사용인들에게는 개인 방이 주어졌지만 대부분의 사용인들은 여름에는 덥고 겨울에는 추운 방에서 집단으로 거주했던 듯 하다. 그렇다고는 해도 환경이 열악한 것은 개인 방도 예외는 아니었다. 어느 집사는 여름에 더위를 못 견뎌서 고용주들이 자는 심야를 틈타 몰래 서재에 가서 아침까지 자는 일이 종종 있었다고 한다. 전용 침실이 있는 경우는 그나마 괜찮은 편으로 창고나 **주방**Kitchen 한 쪽 구석, 목욕탕 등 사람이 오면 다른 곳으로 옮겨야 하는 장소에서 잠을 깨는 경우도 많았다.

## ● 사용인들의 휴식처

휴식할 때 담소를 나누는 장소로, 식사 때의 식당으로서 사용된 사용인 홀은 남녀 사용인들이 역할에 상관없이 모이는 유일한 장소이자 몇 안 되는교류의 장소이기도 했다. 그러나 가구류는 최소한으로 제한되고 큰 주방용 테이블 하나에 목제 의자가 몇 개, 서랍이 달린 경대에 휴식을 취할 때 앉기 위한 안락 의자만 구비되어 있었다. 또한 사용인 호출용 벨이 설치되어 있어서 언제 어디서나 사용인으로서의 역할을 할 수 있도록 설계되어 있었다. 운이 좋게도 고용주가 친절하면 바닥에 코코넛 섬유로 만든 매트나 낡은 소파 등을 놓아 쾌적하게 보낼 수 있도록 꾸몄다. 또한 유복한 가정에서는 피아노와 책장을 놓아 음악과 독서 등을 즐길 수도 있도록 했다고 한다.

## 사용인
=
### 지하 사람들

글자 그대로 생활 공간은 지하와 지붕 밑이었다.

### 사용인의 침실

사용인들이 자는 장소. 당시의 도덕 관념에 기초해 남녀가 왕래할 수 없도록 되어 있었다.

지붕 밑이나 지하실이라서 기온 차가 심했다.

혼자가 아니라 여러 사람과 함께 동거했다.

가구는 최소한의 것만 구비했으며 개인적 물품조차 빼앗기는 경우도 있었다.

밤새는 것을 방지하기 위해서 감시용 창문이 달려 있는 경우도 있었다.

열악한 환경이 눈이 띈다.

### 사용인 홀

식사나 휴식 때 사용. 남녀 사용인들이 역할에 상관없이 모이는 몇 안 되는 장소.

주방 옆 등 지하에 있는 경우가 많다.

가구는 사치스러운 것이 아니며 최소 한도로 필요한 것만 구비했다.

호출용 벨이 설치되어 있는 경우가 많다.

사용인의 파티 때 사용되는 경우도 있다.

그러나……

상냥한 고용주를 만난 경우라면 휴식의 장소로도…

관련항목
● 가정부→No.041
● 집사→No.059
● 사용인의 식사→No.083

# 팬트리와 주류 저장실

Pantry, Cellar

집사(Butler)가 주로 일하는 곳, 팬트리(Pantry)와 주류 저장실(Cellar). 이곳은 저택 관리인(House steward)조차도 경의를 표해야 할 정도로, 집사들만의 성역이었다.

## ● 식료품 저장고

팬트리<sup>Pantry</sup>는 **집사**<sup>Butler</sup>가 일하는 곳이자 사무실이다. 팬트리 자체는 금방 썩지 않는 식료품을 저장해 두는 장소를 가리킨다. 하지만 집사의 업무를 하는 곳으로 주로 귀중한 유리 식기와 은식기 종류를 보관해는 곳이기도 했다. 옛날에는 빵이 일종의 식기처럼 취급되었으므로, 그 저장 장소였던 팬트리라는 명칭이 식기 보관 장소로 이어졌을 것이다.

집사는 **종복**<sup>Footman</sup>들과 함께 팬트리의 싱크에서 식기를 분류하고 씻고 고용주들의 식사를 준비했다. 그리고 밤이 되면 세심하게 손질을 한 뒤에 열쇠가 달린 찬장에 식기류를 넣고 집사의 책임 하에 엄중하게 관리했다. 당시 유리와 은을 사용한 식기는 상당히 귀중했으며 어떨 때는 종복 등이 팬트리 앞에서 자면서 지키기도 했다. 팬트리는 집사들의 성역으로, 설령 **저택 관리인**<sup>House steward</sup>이라 해도 집사에게 경의를 표하며 이 곳을 방문할 때는 노크를 했다고 한다.

## ● 주류 저장실

**주류 저장실**<sup>Cellar</sup>도 또한 집사의 일터 중 하나다. 상인 등에게 구입한 와인 등의 주류는 통에 넣어져 온도 변화가 적은 조용한 지하실에 보관되었다. 집사들은 매일 필요한 만큼의 와인을 나무통에서 병으로 옮기고 소비된 와인 분량을 저장실의 장부에 적었다고 한다. 주류 저장실에서는 그 외에도 와인 정제, 맥주 양조 등을 하기도 했다. 그러나 집사에 의한 와인 저장실의 관리에는 문제가 좀 있었다. 불량한 집사가 다른 사용인들과 와인 저장실에서 술과 병을 슬쩍 훔치는 일도 있었다. 그래서 와인 저장실의 관리를 고용주 본인이 하거나 열쇠가 있는 찬장을 갖추는 고용주도 적지 않았다.

## 팬트리

집사의 일터 중 하나. 은식기 등을 보관하는 장소로 집사의 사무실로서의 기능도 했다.

식기 손질을 하기 위해서 싱크대가 설치되어 있다.

은식기 등을 보관하기 위해서 열쇠가 달린 찬장이 있다.

사무 관련 일을 위해서 간단한 응접 시설이 있다.

방범을 위해서 집사, 종복의 숙박 시설이 병설되기도 하였다.

집사의 성역으로 저택 관리인도 경의를 표했다.

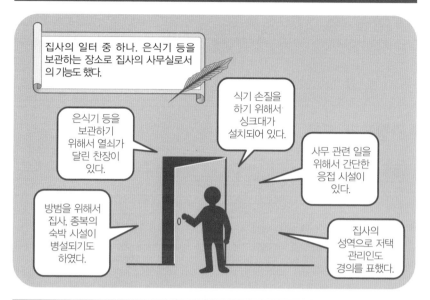

## 주류 저장실

주류를 보존하는 곳. 품질 보존을 위해서 온도 변화가 적은 지하실이 많다.

와인 등의 주류는 나무통에 저장되어 필요할 때마다 병에 덜어서 쓴다.

이 지하에서 맥주 양조 등을 하기도 했다.

와인을 꺼내는 경우에는 장부에 기입한다. 와인을 훔쳐가지 못하도록 열쇠가 달린 찬장을 놓는 고용주도 있었다.

관련항목
- 저택 관리인→No.058
- 집사→No.059
- 종복→No.061

# 가정부의 방

## Housekeeper's room

사용인들의 생활 공간의 하나로 가정부(Housekeeper)의 방을 들 수 있다. 그러면 가정부의 방은 도대체 어떤 곳이었을까?

## ● 가정부의 일터

**가정부**Housekeeper**의 방**은 **가정부**의 주요 일터 중 하나이며 거실 겸 작업실로 사용했다. 여성 사용인의 면접과 관리, 가계부 작성 등을 주로 이 방에서 했다. 방에 놓인 가구는 품질이 아주 좋은 것이 많았고 난로와 안락 의자의 반대쪽에는 속이 깊고 높은 선반과 천정까지 닿는 찬장이 놓여 있었다. 인테리어는 편안한 분위기의 양과자집 같은 분위기가 나며 일도 하고 수다도 떠는데 사용할 수 있는 좋은 방이었다고 한다.

가정부의 방에는 대체로 **증류실**Stillroom과 **식료품 저장실**Storeroom, 도자기실, 리넨실이 병설되어 있었는데 보존식이나 향신료, 차, 설탕 등의 공급과 최고급 도자기, 식탁용 리넨 등의 관리를 가정부가 담당하고 있었기 때문이다. 이들 방이 없는 경우에는 가정부의 방이 그 저장 장소가 되었으며 높은 선반과 찬장에 보존식과 도자기, 리넨 류가 엄중하게 가득 보관되어 있었다.

## ● 식당으로서의 역할

큰 저택의 경우 **저택 관리인**House steward이나 **집사**Butler의 방이 상급 사용인들의 식사 장소로서 제공되었지만 그것보다도 작은 저택에서는 가정부의 방이 상급 사용인들의 아침 식사, 티 타임 장소로 식당 대신 사용되었다. 저녁 식사는 모든 사용인이 사용인 홀에서 모여서 먹었지만 상급 사용인들은 저녁 식사를 끝내고 나서 가정부의 개인 방으로 이동해서 디저트로 푸딩이나 와인을 먹으며 입가심을 했다고도 한다. 그 외에도 **시녀**Lady's maid가 안주인의 호출을 기다리는 동안의 휴식 장소이자 출입 상인 등을 응대하기 위한 응접실로도 사용되는 등, 가정부의 방은 다양한 용도로 사용되었다.

## 가정부의 방

가정부의 사무 업무 등의 중심이 되는 방. 응접실로서의 기능도 가지고 있으며 가구 종류는 고급품이 많다. 사용인의 면접과 출입 상인의 응대 등도 이 방에서 했다.

도자기실, 리넨실 등이 없는 저택에서는 그것들을 이 방의 찬장에 보관했다.

식후 디저트와 차를 즐기는 장소이므로 티 세트가 준비되어 있었다.

도자기실, 리넨실, 증류실 등과 함께 병설되어 있는 경우가 많다.

###  도자기실과 일본의 관계

가정부의 방에 병설된 것 중에서 제일 많은 곳이 도자기실이다. 실은 이 방에는 동양인들에게도 아주 친근한 물건이 많았다.

TV 프로그램으로 유명해진 아리타의 청화자기 접시나 칠기 같은 식기류가 그것인데, 빅토리아 왕조 당시 영국에서는 일본 붐이 일어나 일본 등 동양의 식기류가 엄청나게 인기가 많았다고 하는데 이러한 식기는 단순히 장식물로서만이 아니라 실제로 식사 때나 티 타임에 사용되었다고 한다.

빅토리아 왕조의 고용주와 사용인들이 현대의 우리들과 같은 식기류를 사용하고 있었다니 재미있게 느껴진다.

관련항목
- 가정부→No.041
- 저택 관리인→No.058
- 집사→No.059
- 증류실과 식료품 저장실→No.073

# 증류실과 식료품 저장실

Stillroom, Storeroom

가정부(Housekeeper)의 주요 일터 중 하나로 증류실(Stillroom)이 있다. 증류실은 여러 가지 역할을 했지만 결국 식료품 저장실(Storeroom)로 바뀌었다.

## ● 증류실과 식료품 저장실

**증류실**Stillroom과 **식료품 저장실**Storeroom도 **가정부**Housekeeper의 일터 중 하나다. 이 두 가지는 번역을 하면 똑같이 식료품 저장실로 되는 경우가 많아 혼동하기 쉽다. 원래 증류실은 이름 그대로 안주인이 여러 가지 약품을 증류하기 위해 사용한 곳이었지만 점점 보존식과 과자 등을 만들기 위한 기능을 가지게 되었으며 18세기 이후는 안주인의 역할을 가정부가 이어받음으로써 최종적으로는 사용인 구획인 **가정부의 방**에 병설되게 되었다. 그와 동시에 증류실에 놓인 증류기는 모습을 감추고 결국 명목상으로만 증류실, 즉 Stillroom이라는 이름만 사용하게 되었다.

큰 저택의 경우는 대체로 가정부 직속의 사용인인 **증류실 하녀**Stillroom maid가 있고 가정부의 지시에 따라 증류실을 관리하도록 되어 있었다. 증류실에는 화덕과 과자 제조용 오븐이 설치되어 있으며 가정부들은 여기에서 과일을 병에 담아 숙성시키거나 잼을 만들거나 저택에서 딴 과일과 꽃을 설탕에 재놓기도 했다.

또한 케이크, 비스킷 등과 같은 과자, 홍차 블렌드, 코디얼Cordial: 리큐르의 일종 등 알코올이 들어간 청량 음료수도 제조했다. 증류실은 선선하고 건조한 환경으로 보존에 적합하기 때문에 여기서 만든 식품과 차, 비누 등의 귀중품을 보관했다. 이처럼 다양한 역할을 가진 증류실이지만 시대가 흐르면서 점점 모습을 감춘다. 그 대신 식료품 저장실이 나타났다. 식료품 저장실은 이름 그대로 식료품을 저장하는 것이 주 역할로 증류실이 가지고 있던 조리 등의 역할은 가정부의 방이 이어받았다. 또한 이들 장소는 일종의 성역으로 **주방하녀**Kitchen maid 등만 들어갈 수 있었다.

## 증류실과 식료품 저장실

가정부의 일터 중 하나.
보존식과 차, 설탕, 비누 등의 귀중품 보관과
잼, 과자 등을 만들었다. 가정부 직속인 증류
실 하녀의 일터이기도 했다.

잼이나 차, 과자류를 보관한 찬장.
열쇠가 걸려 있는 경우도 많다.

잼 등의 보존식을 만들기 위한
간단한 조리 시설. 알코올 음료,
주스 등도 만들었다.

잼 등을 만들 때 사용하는 설탕.
아주 딱딱해서 전용 집게나
절구로 빻아야 했다.

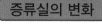
### 증류실의 변화

| 증류실 | 안주인의 영역에서 가정부의 영역으로 | 식료품만 저장하기 위한 곳으로 바뀜 | 식료품 저장실 |
|---|---|---|---|

증류기가 모습을
감추고 과자 등을
만드는 조리 기능이 추가

관련항목
- 빅토리아 왕조의 식탁→No.023
- 가정부→No.041
- 주방 하녀→No.048
- 그 외 여성 사용인→No.052

# 주방

## Kitchen

주방(Kitchen)은 사용인에게 있어서 중요한 일터이며 또한 오랜 시간을 보내는 생활 공간이었다. 그러나 그 환경은 참으로 열악했다.

## ● 덥고 바쁜 주방

주방Kitchen은 요리사Cook들의 일터 겸 생활 공간이며 손님을 접대하는 일이 많은 저택에 있어서는 중요한 장소 중 하나다. 그러나 그러한 중요성에도 불구하고 주방은 고용주들의 생활과는 격리된 지하에 만들어져 있었다. 이처럼 주방을 멀리하게 된 이유에는 여러 가지가 있지만 가장 큰 이유는 바로 냄새 때문이다. 당시 주방에서는 연료로 석탄을 사용했기 때문에 엄청난 악취를 풍겼다. 게다가 조리 중에 생기는 냄새, 조리 중에 나오는 음식물 쓰레기 냄새를 고용주들은 아주 싫어했다. 주방을 멀리 설치한 것은 냄새를 방지하기 위한 것이지만 그 덕분에 사용인들은 큰 불편을 겪었다. 요리사와 **주방 하녀**Kitchen maid는 멀리 떨어져 있는 식탁까지 따뜻한 요리를 전달하기 위해서 머리를 짜야 했으며 **종복**Footman과 **접객 하녀**Parlour maid는 요리가 식지 않도록 그리고 모양이 흐트러지지 않도록 긴 복도나 계단과 싸워야만 했다.

주방 안도 힘든 일터였다. 대개 주방의 바닥은 돌로 되었으며 벽도 벽돌과 타일 등을 사용했다. 출입구는 요리 운반용 문과 주방으로 통하는 출입구, 설거지칸과 식료품 보관실로 이어지는 문 밖에 없었으며 창문도 최소로 제한해서 환기가 아주 나빴다. 일단 천장을 높이는 등의 방안을 모색했지만 안은 아주 더웠다고 한다. 또한 큰 저택의 경우는 관리를 잘해서 청결했지만 규모가 작은 집이나 여관 등의 경우는 구석구석 청소할 여유가 없어 상당히 지저분한 환경이었다고 한다. 그러나 요리사와 주방 하녀 등 주방에서 일하는 하녀들은 잘 때를 빼고는 주방 주변에 있었으며 식사, 차, 휴식도 주방에서 했던 듯 하다. 하지만 어떤 고용주는 주방에 책을 놔 두기도 하는 등 생활 환경에 신경을 쓰기도 했다. 배짱 좋은 요리사와 주방 하녀는 고기가 다 구워지기를 기다리며 책을 읽었다고 한다.

## 주방

요리사들의 일터 겸 생활 공간.
고용주들이 요리를 할 때 나는 악취를 싫어
했기 때문에 지하 등 격리된 곳에 있었다.
그래서 요리가 식지 않도록 하면서 옮기는
일은 아주 힘들었다고 한다.

출입구는 최소한으로
만들어 두었기 때문에
환기가 좋지 않았다.

화덕 등의 불을
사용하는 일이
많으므로 주방 안은
아주 더웠다.

바닥은 돌로 되어
있어서 장시간 서서
일하면 발목이 아프다.

##  잠깐 쉬는 시간

당시 요리사와 주방 하녀는 하루의 대부분을 주방에서 보냈다.
친절한 고용주는 이들을 위해서 주방에 책장을 두고 언제든지 책을 읽을 수
있도록 했다고 한다. 그래서 배짱이 좋은 요리사와 주방 하녀는 로스트 비프
등의 시간이 걸리는 요리를 할 때는 책이나 신문을 읽으며 했다고도 한다.

# 세탁장

## Laundry

사용인의 전형적인 일 중 하나인 세탁. 그 일터가 되는 세탁장(Laundry)은 열기와 약품 냄새가 가득 하여 열악한 환경의 일터였다.

## ● 세탁 담당 하녀들의 전쟁터

세탁장<sup>Laundry</sup>은 **세탁 담당 하녀**<sup>Laundry maid</sup>들의 주요 일터 겸 생활 공간이다. **상류 계층**의 생활과 대량의 세탁물은 뗄래야 뗄 수 없는 관계였기 때문에 대부분의 **컨트리 하우스**에는 세탁장이 있었다. 19세기 후반에 들어서면서 전문적인 세탁업자가 나타났기 때문에 세탁을 맡기는 집도 있었지만 과학적인 세탁 방법은 천에 상처를 낸다고 생각했기 때문에 자신의 저택에서 세탁을 담당하는 사람들을 고용했다고 한다. 세탁장은 세탁물 냄새와 세탁물이 내는 생활감을 싫어하는 고용주가 많았기 때문에 같은 이유로 멀리 떨어져 있는 주방<sup>Kitchen</sup>에 병설되거나 더 멀리 사람 눈에 띄지 않는 장소에 만들어지는 것이 보통이었던 듯 하다. 기본적으로는 세탁실, 다림질실, 건조실로 구성되어 있으며 규모가 큰 경우에는 세탁 하녀들의 숙박 시설도 준비되어 있었다.

통상적으로 세탁실은 벽돌 토대 위에 요크셔 돌이 깔려 있고 배수를 위해서 도랑을 향해 완만하게 경사가 져 있었다. 기재로서는 물을 끓이기 위한 큰 솥과 세탁통, 조금 발전된 저택의 경우는 수도와 하수 시설이 있었고 세탁물에 맞는 방법으로 세탁했다. 또한 의류를 새하얗게 보이게 하기 위해서 형광 표백과 풀 먹임을 했다. 다림질실에는 큰 롤러 압축기와 다리미대가 설치되어 있어서 각종 용도에 맞는 다리미와 그것을 뜨겁게 달구는 난로도 있었다. 건조실에는 세탁물을 널어 두는 곳이 마련되어 있고 각종 난방 기구를 이용하여 습기를 내보내서 높은 온도를 유지하도록 되어 있었다고 한다.

여러 가지 아이디어로 구성된 세탁장이지만 직장 환경으로서는 안 좋은 편이었던 것 같다. 대량의 뜨거운 물에서 나오는 습기, 약품 냄새는 위험하고 불쾌했으며 돌 바닥은 발목을 아프게 했다. 게다가 다림질실과 건조실에서 나오는 열기도 견디기 힘들 정도였다고 한다.

## 세탁장

세탁 담당 하녀의 리더가 감독하는 세탁 담당 하녀들의 주요 일터 겸 생활 공간. 냄새와 증기가 발생하기 때문에 고용주들의 생활 공간에서 멀리 떨어져 있다. 규모가 큰 저택이라면 세탁 담당 하녀들의 숙박 시설도 완비되어 있었다.

대규모 세탁장은 건조실과 다림질실이 따로 설치되어 있다.

바닥은 벽돌 토대 위에 요크셔 돌(Yorkshire stone)이 깔려 있고 배수를 위해서 개천을 향해 경사가 완만하게 져 있다.

큰 세탁통. 대량의 뜨거운 물과 약품을 사용하므로 세탁에는 늘 위험이 따른다.

## 건조실, 다림질실에서 사용한 도구 종류

### 다리미 종류

다림질실에서 사용하는 여러 가지 다리미 종류. 주름 잡는 다리미나 플랫 다리미는 석탄으로 직접 달구기 때문에 더러움에 신경을 썼다. 한편 박스 다리미는 관리와 보관이 어렵다.

### 압축기

압축기는 돌 등으로 된 거대한 롤러로 세탁물의 탈수에 쓰였다. 핸들은 상당히 무거우므로 여러장의 세탁물을 짜는 것은 중노동이었다.

**관련항목**

● 상류 계층→No.014
● 시골 저택→No.017
● 세탁 담당 하녀→No.050

# 마구간

Stable

귀중한 재산이기도 하며 예술품이라고도 할 수 있는 말. 그 말을 사육하는 마구간(Stable)은 사용인의 방 보다도 훨씬 호사스러웠다.

## ● 사치스러울 정도로 공을 들인 말의 저택

마구간<sup>Stable</sup>은 **마부**<sup>Coachman</sup>와 **말구종**<sup>Groom</sup>의 주요 일터 중 하나다. 일본인의 감각으로 생각하면 마구간은 별 거 아니라는 인상이 강하지만 **컨트리 하우스**에 지어진 마구간은 저택 못지 않을 정도로 정열을 가지고 설계한 것이 대부분이었다. 실제로 현재에 남아 있는 마구간 대부분은 돌이나 벽돌로 지어져 있으며 중앙에 아름다운 장식을 한 우물을 가지고 있는 안뜰까지 갖추고 있을 정도로 훌륭하다.

『비튼 부인의 가정서』에는 이상적인 마구간에 대해서 기술되어 있으며 그 내용을 보면 빅토리아 왕조의 사람들이 생각한 이상적인 마구간의 조건이 나와 있다. 말이 섬세한 동물이라는 사실은 당시 사람들에게는 상식이었으며 소중한 말이 쓸데없는 스트레스를 느끼지 않도록 마구간에 여러 가지 조치를 취했다. 먼저 말을 한 마리씩 넣는 마방이 있는데 이것이 상당히 넓은 공간을 차지했다. 또한 환기와 배수에도 신경을 써서 꽤 세세한 조건들을 갖추었다. 온도도 중요시되어서 여름에는 너무 더워서 말이 컨디션을 망치지 않도록 신경을 쓰고 겨울에는 틈새로 바람이 들어와 몸을 상하지 않도록 세심한 주의를 기울였다. 어떨 때는 전용 난로나 보일러를 준비해 마구간이 일정한 온도를 유지하도록 노력했다는 기록도 있다. 또한 갑작스런 사고에 대비해 마부와 말구종은 마구간 2층에서 생활을 하는 것이 좋다고 기술되어 있다. 실제로 마구간의 2층에는 이들의 숙박 시설이 마련되어 있는 경우가 많았다. 이들은 24시간 체제로 말을 관리했다.

「영국은 여성에게 천국, 말에게는 지옥, 사용인에게는 연옥」이라는 속담이 있다고 하지만 적어도 **상류 계층** 세계만 본다면 말도 여성 못지 않게 좋은 생활을 했던 것 같다.

# 마구간

마부와 말구종의 주요 일터 중 하나. 저택에 뒤지지 않을 정도로 공을 들여 설계된 것이 많았다. 실제로 현존하고 있는 마구간의 대부분은 돌이나 벽돌로 만들어진 훌륭한 건물이다.

실내 기온 조절을 위해서 탑이 세워져 있기도 하다.

2층 부분은 마부들의 숙박 시설로 24시간 체제로 말을 돌봤다.

안뜰은 배수가 잘 되도록 여러 가지 장치가 되어 있다.

## 마구간 안에 있는 설비

| | |
|---|---|
| 마방 | 말을 넣어 두는 문 없는 칸막이. |
| 창고 | 마차와 그 외 도구를 넣는다 |
| 공조 설비 | 온도가 일정하게 유지되도록 했다 |
| 바닥 | 가볍게 경사가 져 있어서 배수가 잘 된다 |

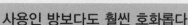

## 사용인 방보다도 훨씬 호화롭다

관련항목
- 상류 계층→No.014
- 시골 저택→No.017
- 빅토리아 왕조의 운송 수단과 교통 수단→No.031
- 마부→No.063
- 그 외 남성 사용인→No.065
- 『비튼 부인의 가정서』→No.105

# 여성 사용인의 하루

빅토리아 왕조의 여성 사용인은 어떤 하루를 보냈을까? 여기에서는 잡일 담당 하녀(Maid of all works)의 하루를 예로 살펴보자.

## ● 어느 잡일 담당 하녀의 하루

　　**잡일 담당 하녀**<sup>Maid of all works</sup>의 하루는 아침 6시 30분에 기상해서 집안의 창문을 여는 것에서 시작된다. 그 후 **주방**<sup>Kitchen</sup>과 식당 청소, 부츠와 나이프의 청소 등 지저분한 일을 마치고 나서 얼굴과 손을 씻고 깨끗한 흰색 에이프런으로 갈아입는다.

　　아침 식사 준비를 돕고 나서 고용주의 가족이 식사를 하고 있는 사이에 서둘러서 밥을 먹는다. 아침 식사를 뒷정리하기 전에 고용주들의 침실 창문을 열거나 시트를 갈거나 하는 등 많은 작업이 기다리고 있기 때문이다.

　　안주인에게 오늘 하루 해야 할 일에 대해서 들은 다음 청소용 도구를 가지고 다시 위층으로 올라가 요강과 세면대를 포함한 방 청소와 침대 정리를 한다. 또 침대를 정리하기 전에는 지금까지 청소하면서 묻은 더러움이 침대에 묻지 않도록 침대용 에이프런으로 갈아입어야 했다.

　　이것이 전부 끝나면 드디어 저택 청소를 시작한다. 물론 하루 만에 끝나지 않는다. 그래서 지침서에서는 요일별로 청소할 장소를 정해 두도록 권하고 있다. 게다가 한차례 청소를 하고 나면 모든 것이 제대로 잘 되었는지 확인하기 위해서 저택 안을 둘러봐야 한다.

　　저녁 식사 때가 되면 잡일 담당 하녀는 저녁 식사 준비를 한다. 저녁 식사 30분 전에는 테이블보 등을 준비하고 필요하면 주방 일을 돕기도 한다. 이 때에도 잡일 담당 하녀는 지저분한 일을 하기 위한 에이프런으로 갈아입는다. 요리 준비가 되면 이번에는 청결한 흰색 에이프런으로 갈아입고 요리를 옮겼다. 고용주들의 식사가 끝나는 오후 9시에 잡일 담당 하녀는 간단하게 식당을 정리하고 겨우 밥을 먹는다. 그 후 본격적인 청소를 하고 차를 준비하기 위해서 주전자에 불을 지폈다.

　　물론 이것으로 일이 다 끝난 것은 아니다. 고용주가 필요로 하는 이상 잡일 담당 하녀의 일은 끝나지 않았다.

## 잡일 담당 하녀의 하루에서 주요 업무의 사이클

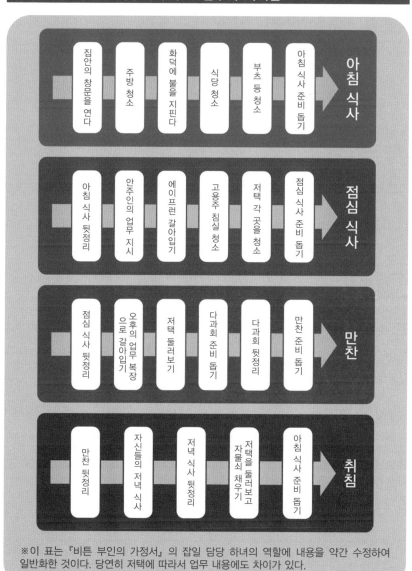

집안의 창문을 연다 → 주방 청소 → 화덕에 불을 지핀다 → 식당 청소 → 부츠 등 청소 → 아침 식사 준비 돕기 → **아침 식사**

아침 식사 뒷정리 → 안주인의 업무 지시 → 에이프런 갈아입기 → 고용주 침실 청소 → 저택 각 곳을 청소 → 점심 식사 준비 돕기 → **점심 식사**

점심 식사 뒷정리 → 오후의 업무 복장으로 갈아입기 → 저택 둘러보기 → 다과회 준비 돕기 → 다과회 뒷정리 → 만찬 준비 돕기 → **만찬**

만찬 뒷정리 → 자신들의 저녁 식사 → 저녁 식사 뒷정리 → 저택을 둘러보고 자물쇠 채우기 → 아침 식사 준비 돕기 → **취침**

※이 표는 『비튼 부인의 가정서』의 잡일 담당 하녀의 역할에 내용을 약간 수정하여 일반화한 것이다. 당연히 저택에 따라서 업무 내용에도 차이가 있다.

관련항목
● 빅토리아 왕조의 식탁→No.023
● 잡일 담당 하녀→No.051
● 주방→No.074
● 『비튼 부인의 가정서』→No.105

# 남성 사용인의 하루

빅토리아 왕조의 남성 사용인은 어떤 하루를 보냈을까? 여기에서는 일반적인 종복(Footman)의 하루를 예로 살펴보자.

## ● 일반적인 종복의 하루

종복Footman의 하루는 가족이 일어나기 전에 부츠와 나이프를 손질하는 등 지저분한 일을 마치는 것에서 시작된다. 어떤 지침서에 따르면 여름에는 6시 반, 겨울에는 7시가 적당한 시간이라고 되어 있다. 이 일이 끝나면 종복은 깨끗한 복장으로 갈아 입고 고용주 가족이 아침 식사를 하도록 준비를 한다. 테이블에 테이블보를 깔고 순서대로 요리를 옮긴다. 고용주가 식사를 다 하면 종복들은 아침 식사 뒷정리를 했다. 그 다음 늦은 아침 식사를 하며 옷을 갈아입고 오후 일을 시작한다.

오후의 주요 업무는 방문객의 응대. 방문객이 메시지 카드를 놔두고 간 경우에는 그 내용을 보고하고 고용주와 안주인에게 면회 신청이 들어오면 그 방문객을 응대할 것인지 아닌지 판단을 요구했다. 만약 고용주가 손님을 만나고 싶지 않다고 하면 고용주가 없다고 은근히 거짓말을 하는 것도 이들의 일이다. 그리고 점심 식사 준비와 고용주의 여러 가지 요구에 대응할 필요가 있었다.

저녁이 되면 종복은 저택의 불을 밝힌다. 만찬 30분쯤 전부터 벨을 울리고 최상급의 제복을 입고 머리카락에 가루를 뿌려 머리를 매만진다. 만찬 직전에 다시 한 번 벨을 울려 만찬 준비를 한다. 방문객을 초대한 만찬인 경우는 정신 없이 바빴다. 고용주와 안주인 이외에 방문객의 주문에도 재빨리 대응해야 했기 때문이다. 만찬이 무사히 끝나고 뒷 정리를 마치면 다음은 디저트와 차 준비가 기다리고 있다. 모든 것이 끝난 오후 9시 즈음에 늦은 저녁 식사를 하면 드디어 종복의 하루가 끝난다.

이것은 어디까지나 한 예에 불과하지만 대체로 종복의 하루는 이런 식이었다.

## 종복의 하루에서 주요 업무의 사이클

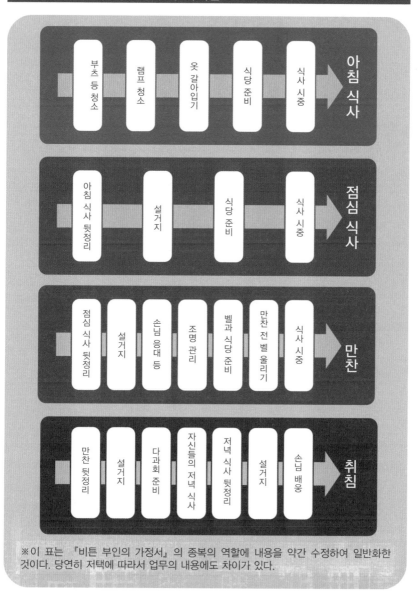

아침 식사
← 부츠 등 청소 ← 램프 청소 ← 옷 갈아입기 ← 식당 준비 ← 식사 시중

점심 식사
← 아침 식사 뒷정리 ← 설거지 ← 식당 준비 ← 식사 시중

만찬
← 점심 식사 뒷정리 ← 설거지 ← 손님 응대 등 ← 조명 관리 ← 벨과 식당 준비 ← 만찬 전 벨 울리기 ← 식사 시중

취침
← 만찬 뒷정리 ← 설거지 ← 다과회 준비 ← 자신들의 저녁 식사 ← 저녁 식사 뒷정리 ← 설거지 ← 손님 배웅

※이 표는 『비튼 부인의 가정서』의 종복의 역할에 내용을 약간 수정하여 일반화한 것이다. 당연히 저택에 따라서 업무의 내용에도 차이가 있다.

---

관련항목
● 빅토리아 왕조의 식탁→No.023
● 종복→No.061
● 종복의 제복→No.067
● 『비튼 부인의 가정서』→No.105

# 일할 곳의 결정과 변경

사용인들은 일할 곳을 어떻게 정했을까? 또 이직을 준비하는 사용인에게는 어떤 활동이 필요했을까?

## ● 일할 곳 찾기

고용주가 좋은 사용인을 찾는 것과 마찬가지로 사용인이 좋은 고용주를 찾는 것도 대단히 힘든 일이었다. 첫 직장은 대부분의 경우 부모가 마음대로 결정했기 때문에 자신의 자유 의사대로 선택할 수 없었다. 대부분의 소녀들은 12~13세에 처음으로 일을 시작한다. 제복은 자신이 준비해야 하므로 집 근처에서 간단한 일을 하며 스스로 비용을 벌거나 부모가 비용을 부담했다. 그 후에는 적어도 20마일 정도 떨어진 저택으로 일하러 간다. 이것이 싫으면 아예 도시로 나가는 방법도 있었다. 저축이 좀 있으면 신문 광고를 낼 수도 있고 직업 소개소 등에 부탁을 할 수도 있었기 때문이다. 당시 소개소 중에는 숙박 시설이 있는 곳도 있어서 일할 곳을 찾을 때까지 그곳에서 지낼 수도 있었다. 하지만 돈만 요구하고 일할 곳을 소개해 주지 않는, 악덕 소개소도 있으므로 주의해야 했다.

## ● 일할 곳 바꾸기

사용인으로서는 어쩌면 일할 곳을 바꾸는 것이 더 힘들었을 것이다. 요즘 영국에서도 그렇지만 직업을 얻을 때는 반드시 **인물증명서**가 필요했다. 고용주가 좋은 사람이라면 그만 두는 사용인을 위해서 훌륭한 인물증명서를 준비해 주었다. 그러나 고용주와 사용인이 다툰 뒤에 헤어지는 경우에는 인물증명서에 허위 내용을 쓰기도 하며 최악의 경우는 인물증명서를 써 주지 않기도 했다. 그래도 의지가 강한 사용인이라면 더 나은 직장을 찾아서 이직을 반복했다. 19세기 후반에 들어서면서 이런 경향이 더욱 두드러져서 영국 국내만이 아니라 오스트레일리아 등 여러 외국으로 새 직장을 찾으러 나가기도 했다.

## 첫 직장에서 전직까지

집 근처의 비교적 유복한 가정

> 통상적으로 어머니가 일할 곳을 결정. 여기에서 기본적인 일을 익히고 제복을 사기 위한 돈을 저축한다.

본격적인 취업

> 고용주는 가십 등이 떠도는 것을 싫어해서 적어도 20마일 이상 떨어진 곳의 사람을 고용하는 경우가 많았다.

다음 직장으로

> 기본적으로는 계약 기간이 만료될 때까지 그만둘 수 없다. 퇴직 시에 고용주와 사이가 안 좋아지는 경우도 많다. 그러나 더 좋은 직장과 지위를 위해서 전직을 하는 경우도 적지 않았다.

## 일할 곳 바꾸기

**고용주와의 관계가 좋은 경우**
(계약 기간 만료)

좋은 인물증명서
그만둘 때까지의 급여
전별금 있음

다음 직장으로

**고용주의 관계가 나쁜 경우**
(계약 기간 도중의 퇴직/해고)

나쁘게 적은 인물 증명서
(인물 증명서 없음)
급여 없음

다음 직장을
찾을 수 없는 경우도

---

관련항목

●사용인의 고용 방법→No.038
●교육 기관의 성립과 그 내부 사정→No.068
●인물증명서(소개장)→No.107

# 사용인으로서의 출세

계층이 엄격하게 나뉘어져 있던 사용인의 세계. 그러나 개인의 노력에 따라서는 그 나름대로의 출세를 할 수도 있었다.

## ● 끊임없는 노력과 승진

주인을 위해 열심히 일하는 것을 천직이라고 여기는 사용인들도 있지만 그들에게도 출세나 영달의 길은 있었다. 물론 이들이 자신들을 위해서 열심히 일하는 것을 당연하게 여기고 평가를 하지 않는 주인도 많다. 그러나 **저택 관리인**House steward나 **집사**Butler라는 지위로 승진하는 것을 허락하는 가정이라면 사용인의 노력 여하에 따라서 승진도 가능했다.

남성 사용인의 예를 보면 대개의 경우는 최하위 사용인인 **급사**Page부터 수행을 시작한다. 일을 익히고 요령이 좋으면 **종복**Footman이나 **하인**Valet으로 승진할 수 있었다. 이처럼 열심히 일해서 결국 집사까지 승진한 예도 적지 않았다고 한다.

여성 사용인의 경우 가장 높은 지위를 기대한다면 **설거지 담당 하녀**Scullery maid부터 시작하는 것이 좋았다. 왜냐하면 설거지 담당 하녀는 경험을 쌓으면 **주방 하녀**Kitchen maid로 올라갈 수 있고 어느 정도 요리 솜씨가 있으면 **요리사**Cook가 은퇴하고 그 뒤를 이을 수도 있었기 때문이다. 만약 그 가정이 **가정부**Housekeeper를 고용하고 있지 않다면 요리사 겸 가정부로서 그 가정에서 여성 사용인의 정점에 설 수도 있었다.

한편 **시녀**Lady's maid에서 안주인의 마음에 들어 가정부가 되는 수단도 있었다. 이것을 노리고 **가사 담당 하녀**House maid에서 시녀로 승진하는 것을 기대하는 사람도 있었지만 요리와 가사일을 익힐 수 없는 시녀는 승진에 실패했을 경우의 위험 부담이 너무 컸다. 왜냐면 가정부가 되지 않으면 나이를 먹거나 안주인의 마음에 들지 못하게 되는 시점에서 직업을 완전히 잃게 되기 때문이다.

19세기말에서 20세기에 걸쳐 여성 사용인으로서 활약한 위니프리드 그레이스Winifred Grace는 이렇게 말했다. 「하녀로 출세하려고 생각한다면 길은 단 하나 뿐이다. 주의 깊고 인내심 강하게 열심히 일해서 좋은 소개장을 받는 것이다.」 결국 개인의 노력 이외에는 아무것도 될 수 없다는 말이다.

## 남성 사용인의 주요 출세길

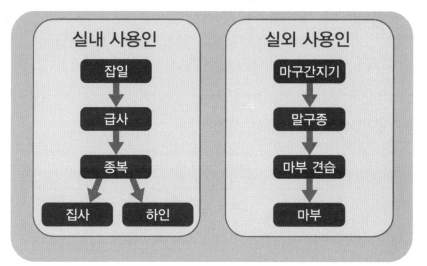

실내 사용인

잡일 → 급사 → 종복 → 집사 / 하인

실외 사용인

마구간지기 → 말구종 → 마부 견습 → 마부

## 여성 사용인의 주요 출세길

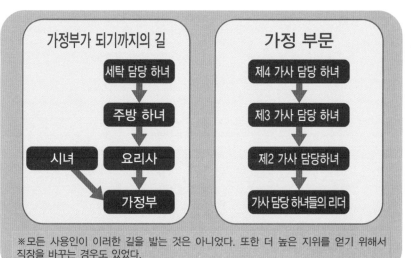

가정부가 되기까지의 길

세탁 담당 하녀 → 주방 하녀 → 요리사 → 가정부
시녀 → 가정부

가정 부문

제4 가사 담당 하녀 → 제3 가사 담당 하녀 → 제2 가사 담당하녀 → 가사 담당 하녀들의 리더

※모든 사용인이 이러한 길을 밟는 것은 아니었다. 또한 더 높은 지위를 얻기 위해서 직장을 바꾸는 경우도 있었다.

# 사용인의 결혼과 연애

여러 가지 면에서 제약을 받았던 사용인들. 그런 그들에게도 연애를 하고 싶은 마음이나 운명적인 만남은 있었다.

## ● 사용인의 연애는 금지 사항

당시의 사용인, 특히 여성 사용인에게 있어서 연애는 원칙적으로 금지 사항이었다. 이유는 여러 가지가 있지만 연애를 하면 일은 뒷전이고 또 애인을 위해서 범죄 비슷한 짓을 저지를 위험이 있다고 생각했기 때문이다. 애당초 당시 도덕관으로 생각을 해도 딸이 결혼하기도 전에 남성과 관계를 가지는 것은 품행이 단정치 못한 것으로 여겼으며 그런 일이 세상에 알려지면 감독하는 안주인과 저택 전체의 수치가 되었다.

## ● 그래도 연애는 하고 싶다

그렇다고는 하지만 남녀가 있으면 연애 사건이 일어나는 것은 당연한 일이었다. 아름다운 여성 사용인이라면 고용주와 그 아들들, 다른 사용인 등의 연애 대상이 되는 경우도 많았다. 소설가로 나중에 웨스트민스터 치안 판사가 된 헨리 필딩Henry Fielding은 아내의 시녀Lady's maid를 후처로 맞아 행복하게 살았다.

또 변호사로 유명한 아서 먼비Arthur Munby도 **잡일 담당 하녀**Maid of all works와 비밀리에 결혼했다. 그 외에도 사용인끼리 행복한 결혼을 한 예도 많고 고향의 연인과 오랜 기간 편지를 주고 받다가 결혼을 한 평온한 연애도 있었다.

그러나 이러한 예처럼 행복하게 되지 않은 예도 있었던 듯 하다. 결혼까지 가지 못하고 임신이 발각된 경우에는 여성 사용인은 변명 한 번 못해보고 해고 당했다. 상대가 고용주의 가족이라면 상대 남자는 벌을 받지 않는 것은 당연하고 같은 사용인이 상대라 하더라도 남자는 벌을 받지 않았다. 더 나쁜 예는 질 나쁜 고용주나 사용인, 출입하는 사람 등이 여성 사용인들을 함부로 대하는 경우도 적지 않았다. 이것은 남성 사용인도 예외는 아니었으며 고용주가 사용인을 침대로 불러들였다는 기록도 남아 있다.

## 여성 사용인의 연애와 장애

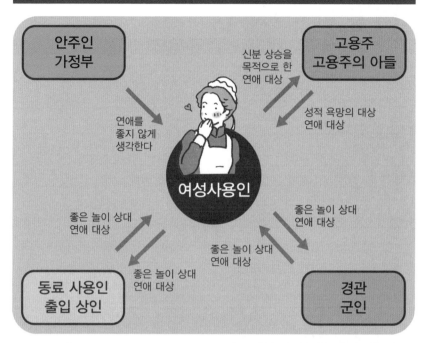

## 사용인의 결혼과 주요 상대

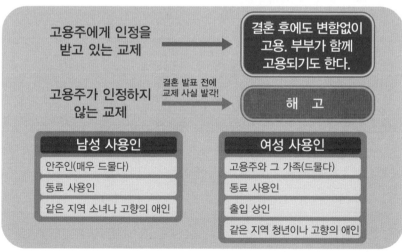

# 직무를 마친 사용인

자신의 생애를 저택에서 마치는 사용인도 적지는 않았다. 그러나 대부분은 각자의 미래를 스스로 선택해야만 했다고 한다.

## ● 일을 끝내고

오랜 경우에는 60년 가까운 세월을 사용인으로서 보내는 사람도 있었지만 거의 대부분의 사용인은 20년 정도 일하고 사용인을 그만 두었다. 그 후에는 각자가 선택한 다른 인생을 살았었다. 사용인으로서 일하고 있는 동안에 낭비를 하지 않고 저축을 하면 그 후의 생활은 비교적 편안했다. 만약 그 정도의 저축이 없다 하더라도 마음 좋은 고용주라면 퇴직 때 얼마간의 퇴직금을 주기도 하고 때로는 유산을 남기기도 했으므로 성실하게 일했다면 생활이 곤란한 경우는 없었다고 한다.

남성 사용인의 경우 그 저축을 이용해서 새로운 장사를 시작하는 경우가 많았다. 인기가 있었던 것은 **퍼브**Pub 등으로 저택 옆에 가게를 차리면 저택의 사용인들이 휴식처가 된 경우도 많았다고 한다.

때에 따라서는 고용주가 싸게 토지를 제공해 주기도 했고 근처의 상점은 거의 예전 사용인에 의해 경영되기도 했다고 한다. 영국의 유명 호텔인 「클라리지Claridge's」도 **집사**Butler와 **시녀**Lady's maid 출신 부부가 시작한 것으로 사용인이 창업을 해서 성공한 예도 적지 않았다는 것을 알 수 있다.

여성 사용인의 경우 퇴직 후 결혼을 하는 경우가 보통이었다. 고용주와의 관계가 좋다면 노후에 주거를 제공받기도 했으며 고용자의 가족과 함께 조용하게 여생을 보내는 일도 가능했던 듯 하다. 누군가에게 의존하는 것을 좋아하지 않는 여성이라면 남성 사용인처럼 장사를 시작해 사용인을 고용할 수 있는 입장이 된 경우도 있었다고 한다.

그러나 이러한 예시들은 원만하게 퇴직을 한 경우고 저축도 기술도 없는 시녀가 구빈원에서 마지막을 맞이하는 경우도 많았으며 매춘부로 전락해서 생애를 마치는 경우도 많았다.

## 은퇴 후의 남성 사용인

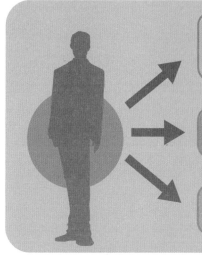

지금까지 저축한 돈과 고용주로부터의 원조로 유유자적한 생활을 한다.

고용주의 토지에서 퍼브와 같은 장사를 시작한다.

품행이 바르지 못해 최하급 노동자나 범죄자로 전락한다.

## 은퇴 후의 여성 사용인

고용주의 저택에서 살면서 편안한 노후를 보낸다.

지금까지 저축한 돈으로 사업. 여관의 안주인 등이 된다.

결혼해서 주부가 된다.

품행이 바르지 못해 최하급 노동자나 범죄자로 전락한다.

관련항목
●사용인과 고용주의 관계→No.036
●사용인과 고용주의 이상적인 관계→No.037
●시녀→No.043
●집사→No.059
●퍼브→No.093

# 사용인의 식사

프랑스인 주방장(Chef) 등에 의해 연출된 저택의 화려한 식탁. 그러나 사용인들의 식사는 그렇게 풍요롭다고 할 수 없었다.

## ● 사용인들의 식탁 사정

다른 노동자들에 비하면 비교적 풍요로운 식생활을 한 사용인들이지만 그래도 불만이 없는 것은 아니었던 듯 하다. 먼저 상급 사용인과 하급 사용인은 식사를 하는 장소가 다른 경우가 많았다. 상급 사용인은 **저택 관리인**House steward, **집사**Butler, **가정부**Housekeeper 등의 방에서 식사를 하고 하급 사용인은 사용인 방에서 식사를 했다. 점심 식사는 양쪽이 함께 먹는 경우가 많았지만 메인 코스를 다 먹으면 상급 사용인들은 저택 관리인의 방 등으로 이동해서 디저트나 차를 즐겼다. 하급 사용인은 그들이 식사를 끝내고 나서 식사를 했으며 예의범절에도 신경을 써야 했으므로 편안한 분위기에서는 식사를 할 수 없었다.

음식도 고용주가 남긴 것이거나 **주방 하녀**Kitchen maid가 연습을 위해서 만든 사용인용의 요리가 대부분이었다. 당시의 **상류 계층**은 고기가 주식이었으므로 사용인들의 식사도 고기 요리가 메인이었다. 현재 우리들의 감각으로 생각해보면 믿을 수 없는 얘기지만 감자 등 야채와 고기를 함께 조린 스튜나 작게 썬 고기와 뜨거운 야채를 먹기 싫다고 불평하는 사용인들도 있었다. 그러나 이것은 축복 받은 사용인들의 이야기로 점심 식사로 버터를 바른 빵 한 쪽과 치즈만 주는 고용주가 대부분이었으며 달걀 하나를 주고 하루의 식사라고 말하는 안주인도 많았다.

음료수는 차, 와인, 맥주 등이 있었지만 당시의 차는 사치품으로 고용주로부터 받는 차 값으로 스스로 구입을 할 수 밖에 없었다. 하급 사용인 등의 경우 아침 식사부터 음료수로 값싼 맥주만 마시는 경우도 있었다. 그래서 대부분의 사용인은 오후의 티 타임도 고용주가 마시고 남긴 차를 마신 경우가 많았다고 한다.

## 사용인의 식사 풍경

상당한 대규모의 저택을 제외하고 사용인은 사용인 홀에서 식사를 했다. 자리는 남녀가 함께 앉지 않고 저택 내에서의 서열에 따라 순서를 정했다. 상급 사용인들은 식사를 끝내면 가정부의 방 등에 가서 식후 디저트나 차를 즐겼다.

## 각 자료에 보이는 사용인들의 식사

### 사용인들을 위한 요리

로스트 비프, 아이리쉬 스튜, 해시(고기와 야채를 잘게 썰어 볶은 것), 푸딩 등. 재료는 고용주들의 것과 크게 다를 바 없지만 손이 덜 가는 것이 많았다. 요리사가 아니라 주방 하녀가 조리를 하는 경우에는 맛은 그다지 기대할 수 없다.

### 고용주들이 남긴 식사

식기는 했지만 당연히 요리로서는 1급. 서빙 단계에서 요리의 일부를 빼 놓는 경우도……

### 최소한의 식사

빵에 베이컨과 치즈를 먹는 가벼운 식사. 개 중에는 하루에 달걀 하나만 주는 집도 있었다.

※ 사용인의 식사 내용은 대체로 고용주나 안주인의 방침에 따라 정해진다. 또한 당시 풍조로서 사용인의 식사는 소박한 것이 좋다는 생각도 있다는 것을 말해 둔다.

관련항목
● 빅토리아 왕조의 식탁→No.023
● 가정부→No.041
● 저택 관리인→No.058
● 집사→No.059
● 사용인의 생활 공간→No.070

# 사용인의 급여

강도 높은 노동에 종사하고 있던 사용인들. 그들은 노동의 대가로서 어느 정도 급여를 받았을까?

## ● 사용인에게 지불된 급여

사용인의 급여는 그 시대 배경, 고용주의 경제 상황, 사용인 자신의 직종에 따라 달랐다. 또한 차, 설탕, 제복 등과 같은 물자를 지급하지 않고 그것을 구입하기 위한 수당을 지급하는 경우도 있어 상황에 따라 급여가 크게 달랐다고 한다. 비튼 부인은 이 수당에 대해서 부정적이며 사용인에게 다소 급여가 적어도 그것을 지급해 주는 직장을 선택하도록 조언하고 있다. 실제로 기호품과 생활 물자는 고액인 것이 많아 개인적으로 구입하려면 돈이 많이 들었다.

그러면 실제로 지급된 급여를 한 번 보자. 위에서 말한 『비튼 부인의 가정서』(1861년판)에서 특별 수당을 지급하지 않는 경우를 참고로 하면 가장 상급 사용인인 **저택 관리인**House steward의 급여는 연간 40~80파운드였다. 당시 사용인을 고용하는 계층의 연수입이 최저 150파운드 정도였다는 것을 고려하면 상당히 높은 금액이라는 것을 알 수 있다. 다음으로 **집사**Butler가 25~50파운드, **하인**Valet이 25~50파운드, 가정부Housekeeper가 20~45파운드, 요리사Cook가 14~30파운드, **시녀**Lady's maid가 12~25파운드였다.

놀라운 것이 **정원사**Gardener와 **사냥터 관리인**Game keeper의 급여는 1906년을 기준으로 정원사가 연간 70~120 파운드, 사냥터 관리인이 100~150파운드나 되었다는 사실이다. 연대가 다르므로 직접 비교는 할 수 없지만 이들의 급여는 위에서 말한 저택 관리인보다 훨씬 많았다. 그만큼 그 일을 중요하게 생각했다는 의미로 이해할 수 있다.

반대로 하급 사용인을 보면 **종복**Footman이 20~40파운드, **주방 하녀**Kitchen maid가 9~14파운드, **잡일 담당 하녀**Maid of all work)가 9~14파운드, **세탁 담당 하녀**Laundry maid가 5~9파운드였다. 전체적으로 남성 사용인 쪽이 급여가 높았으며 또 잡일 담당 하녀는 세탁 담당 하녀보다도 급여가 높았지만 실제로는 5파운드 아래인 경우도 있었다.

## 사용인의 급여

| | 제복이 지급되지 않는 경우 | 제복이 지급되는 경우 |
|---|---|---|
| 저택 관리인 | 40~80 | – |
| 하인 | 25~50 | 20~30 |
| 집사 | 25~50 | – |
| 주방장 | 20~40 | – |
| 정원사 | 20~40 | – |
| 종복 | 20~40 | 15~25 |
| 하급 집사 | 15~30 | 15~25 |
| 마부 | – | 20~35 |
| 말구종 | 15~30 | 12~20 |
| 하급 종복 | – | 12~20 |
| 급사 | 8~18 | 6~14 |
| 마구간지기 | 6~12 | – |

| | 차, 설탕, 맥주와 같은 특별 수당이 지급되는 경우 | 차, 설탕, 맥주와 같은 특별 수당이 지급되지 않는 경우 |
|---|---|---|
| 가정부 | 20~45 | 18~40 |
| 시녀 | 12~25 | 10~20 |
| 보모 리더 | 15~30 | 13~26 |
| 요리사 | 14~30 | 12~26 |
| 상급 가사 담당하녀 | 12'20 | 10~17 |
| 상급 세탁 담당 하녀 | 12~18 | 10~15 |
| 잡일 담당 하녀 | 9~14 | 7(1/2)~11 |
| 하급 가사 담당 하녀 | 8~12 | 6(1/2)~10 |
| 증류실 하녀 | 9~14 | 8~12 |
| 보모 | 8~12 | 5~10 |
| 하급 세탁 담당 하녀 | 9~14 | 8~12 |
| 주방 하녀 | 9~14 | 8~12 |
| 설거지 담당 하녀 | 8~12 | 4~8 |

※ 1861년판 『비튼 부인의 가정서』에서 발췌. 단위는 파운드.
실제 사용인의 급여는 고용주에 따라 달랐고 지역에 따라서도 크게 달랐다. 어디까지나 일반론으로 보는 것이 좋다. 기본적으로는 웨스트엔드 쪽이 이스트엔드보다도 급여가 높은 경향이 있었다. 또한 이 표에는 기재되어 있지 않지만 사냥터 관리인의 급여는 집사에 필적할 정도로 높았다.

**관련항목**
●빅토리아 왕조의 통화와 그 가치→No,027          ● 『비튼 부인의 가정서』 →No,105

# 사용인의 특별한 부수입

일반적으로 그렇게 좋은 생활을 못 했을 것처럼 여겨지는 사용인들이지만 그들에게는 그들 나름의 특별 부수입이 있었다.

## ● 팁을 주십시오

사용인들의 특별 부수입으로서 제일 처음 들 수 있는 것이 사례, 즉 팁일 것이다. 이 습관은 16세기부터 이미 시작되었는데, 18세기에 들어서 점점 그 요구가 에스컬레이트 되면서 팁을 준비하지 않은 초대 손님이 파티 출석을 거절한다는 사태까지 발전할 정도로 빅토리아 왕조에 들어서면서 고용주끼리 의논을 해서 팁 대신에 사용인 특별 수당을 지급하는 등 액수를 낮추기 위해서 노력을 했다.

그렇지만 사용인들에게 있어서 팁은 귀중한 수입원이며 팁을 받기 위해서 다양한 궁리를 했다고 한다.

## ● 사용인들의 용돈 벌기

**주택 관리인**House steward, **집사**Butler, **요리사**Cook 등 상급 사용인이 되면 중개 수수료도 큰 부수입 중 하나였다. 생활 물자 구입을 관리하는 그들은 중개 수수료를 지불하는 상인을 우대하고 어떨 때는 스스로 수수료를 요구했다고 한다. 그 외에도 사용인들은 여러 가지 부수입을 올릴 수 있었다. 집사나 **종복**Footman은 타다 남은 양초를 되팔아 꽤 수입을 올렸다. 또한 고기 국물, 토끼 가죽 등 요리 부산물은 요리사의 것으로 요리사는 이를 저택에 출입하는 업자에게 되팔아 수입을 얻었다고 한다. **하인**Valet과 **시녀**Lady's maid는 고용주나 안주인에게 받은 낡은 옷을 자유롭게 처분할 수 있었다. 하급 사용인도 저택에서 나오는 쓰레기를 처분할 권리를 부여 받은 경우가 있어 적지만 이익을 얻을 수 있었다. 하지만 이러한 권한을 악용하는 사용인도 있어서 집사가 와인에 물을 타서 양을 늘려 차액을 빼돌리거나 요리사가 식재료를 더 많이 주문해서 빼돌리는 일도 흔히 있었다.

## 사용인들에게 팁을 요구 받는 주요 상황

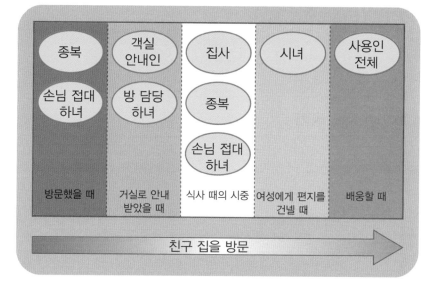

| 종복 | 객실 안내인 | 집사 | 시녀 | 사용인 전체 |
| 손님 접대 하녀 | 방 담당 하녀 | 종복 | | |
| | | 손님 접대 하녀 | | |
| 방문했을 때 | 거실로 안내 받았을 때 | 식사 때의 시중 | 여성에게 편지를 건넬 때 | 배웅할 때 |

친구 집을 방문 →

## 사용인별 주요 부수입 일람

| 지위 | 부수입 |
| --- | --- |
| 집사 | 주류 등의 구입 시 중개 수수료<br>타다 남은 양초 판매<br>불필요하게 된 빈 병의 판매 |
| 요리사 | 식료품 등의 구입 시 중개 수수료<br>고기 국물, 토끼 가죽 등 부산물 판매<br>주방의 축하금 |
| 하인, 시녀 | 고용주나 안주인에게 물려 받은 의류, 장식품 |
| 마부 | 낡은 마구류 매각 |
| 사용인 전체 | 저택에서 필요 없어진 잡동사니 판매 |

관련항목

●빅토리아 왕조의 통화와 그 가치→No.027
●시녀→No.043
●요리사→No.044
●저택 관리인→No.058

●집사→No.059
●하인→No.060
●종복→No.061

# 사용인들의 여가

항상 저택에서 일에 쫓기는 사용인들. 그러나 그런 그들에게도 여가가 있었다.

## ● 사용인들의 여가

사용인은 생활에 밀착된 직업인만큼 다른 직업에 비해 구속 시간이 길고 여가라고 부를 만한 것은 극단적으로 적었다. 상급 사용인과 남성 사용인 등은 비교적 자유로운 시간이 많고 피로를 풀거나 취미에 시간을 쓸 수도 있었다. 그러나 대부분의 여성 사용인의 노동 시간은 15시간을 넘었고 수면 시간을 생각하면 여가를 보낼 만한 시간은 거의 없었다. 게다가 반일 휴가, 전일 휴가 등은 고용주의 상황에 따라 결정되었으므로 일이 많은 하급 사용인에게 있어서 여유 있게 쉴 수 있는 시간은 꿈 같은 일이었다. 실제로 **잡일 담당 하녀**Maid of all works인 해나 컬위크는 당시 사귀고 있던 아서 먼비와 만나기 위해서 안주인의 허가를 받아 오후에 반일 쉬기로 했지만 고용주 딸의 변덕으로 반일 휴가가 취소되기도 했다고 한다.

빅토리아 왕조 중기에 들어서면서 일요일, 1주일에 한 번은 반일 휴가로, 2주일에 한 번은 전일 휴가, 1달에 한 번은 비번, 1년에 한 번은 1~2주일 정도의 장기 휴가가 관례로 정착되었지만 어디까지나 관례로 이렇게 휴가를 받으면 파격적인 대우라고 할 수 있었다. 또한 일요일에는 대부분의 경우 교회를 가는 것이 의무였으므로 엄밀하게는 여가라고 할 수 없었다. 1년에 한 번 장기 휴가를 받는 일은 거의 드문 일이지만 이러한 기회에만 고향에 돌아갈 수 있는 사용인은 3년 이상이나 가족을 만나지 못하는 경우가 흔했다고 한다. 게다가 직종에 따라서는 여가가 짧게 설정된 경우도 있었다고 한다. 특히 **시녀**Lady`s maid는 안주인이 생활의 대부분을 시녀들에게 의존하고 있기 때문에 전일 휴가는 결코 허락되지 않았다. **가사 담당 하녀**House maid도 월요일에 세탁을 도우러 가는 경우에는 전날부터 준비를 해야 했으므로 일요일이라 해도 쉴 수가 없었다고 한다.

## 사용인의 여가

### 2주일 단위의 여가

| 일 | 월 | 화 | 수 | 목 | 금 | 토 |
|---|---|---|---|---|---|---|
| 휴일 | | | | | | |

| 일 | 월 | 화 | 수 | 목 | 금 | 토 |
|---|---|---|---|---|---|---|
| 휴일 | | | | | | |

반일 휴가

전일 휴가

관례이기는 하지만 ➡ 직장의 상황에 따라 변경된다. 반드시 받을 수 있다고 할 수는 없다.

### 1년마다 휴가

| 1월 | 2월 | 3월 | 4월 | 5월 | 6월 |
|---|---|---|---|---|---|
| 하루 비번 | 하루 비번 | 하루 비번 | 하루 비번 | 하루 비번 | 하루 비번 |

| 7월 | 8월 | 9월 | 10월 | 11월 | 12월 |
|---|---|---|---|---|---|
| 하루 비번 | 하루 비번 | 하루 비번 | 하루 비번 | 하루 비번 | 하루 비번 |

2주간의 장기 휴가

관례이기는 하지만 ➡ 2주간의 장기 휴가는 받을 수 없다고 보는 게 좋다.

### 직종에 따른 여가의 차이

| 여가를 만들기 쉬운 사용인 | 하인, 시녀를 제외한 상급 사용인 실외로 나가는 일이 많은 남성 사용인 |
|---|---|
| 여가를 만들기 어려운 사용인 | 하인, 시녀, 하급 사용인 전반 |

관련항목

● 시녀→No.043                    ● 유명한 메이드→No.108

# 사용인의 오락

저택에서의 업무가 일상인 사용인들. 그러나 그들에게도 오락과 휴식 시간이 있었다.

## ● 사용인들의 오락

늘 일에 얽매여 자유 시간이 적은 사용인들이었지만 그들에게도 오락은 있었다. 특히 사용인의 수가 많은 저택에서는 요령만 있으면 그런대로 시간을 낼 수도 있었으며 그런 시간을 이용해서 사용인들은 다양한 오락을 즐겼다.

글자를 쓸 수 있는 사용인이라면 편지를 쓰는 것도 훌륭한 오락이었다. **여자 가정교사** Governess 등은 가정에서의 고독을 달래기 위해서 5시간이나 걸려서 편지를 썼다고 한다. 당시 서민의 오락이기도 했던 독서도 사용인의 오락 중 하나였다. 그러나 시간과 광열비를 낭비하는 나쁜 습관이라고 여기는 고용주도 많아 일부에서는 꺼려했다고 한다. 비교적 자유로운 시간을 가지고 있던 상급 남성 사용인은 퍼브나 카페 등에 가서 술을 마시거나 다른 집 사용인들과 이야기를 하는 것도 즐거움 중 하나였다. 게다가 유행하는 스포츠 등을 즐기는 사용인도 있었다고 한다.

이러한 개인적인 즐거움 외에 사용인 주최의 파티등을 열기도 했다. 이 파티는 고용주 몰래 개최되는 경우도 있었고 고용주의 공인으로 성대하게 개최되는 경우도 있었다. 그들은 가족과 친구, 다른 집 사용인 등을 초대해 짧은 시간이지만 축제를 즐겼다고 한다. 또한 이 정도는 아니지만 사용인 방에서 피어나는 수다도 훌륭한 오락이었다. 특히 고용주나 안주인이 연애 사건을 많이 터뜨리는 사람이라면 이런 류의 화제 거리가 끊이지 않았다.

하지만 이러한 오락을 즐기는 일이 가능한 사용인은 아마도 그리 많지 않았을 것이다. 사용인의 대다수를 차지하고 있던 **잡일 담당 하녀** Maid of all works 의 경우는 아주 이해심이 깊은 고용주가 아니면 여가를 즐길 여유 같은 게 없었기 때문이다.

## 사용인의 주요 오락

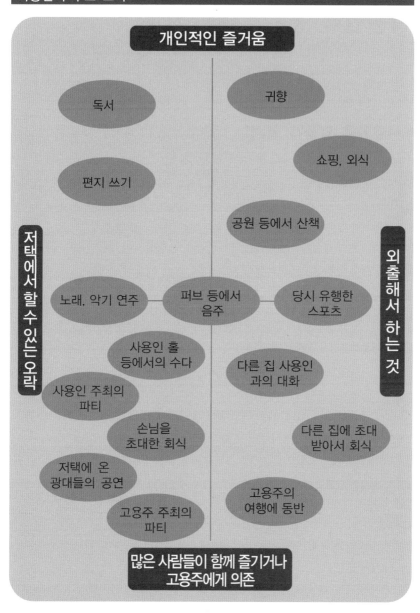

개인적인 즐거움

독서

귀향

편지 쓰기

쇼핑, 외식

공원 등에서 산책

저택에서 할 수 있는 오락

노래, 악기 연주

퍼브 등에서 음주

당시 유행한 스포츠

사용인 홀 등에서의 수다

다른 집 사용인 과의 대화

사용인 주최의 파티

손님을 초대한 회식

다른 집에 초대 받아서 회식

저택에 온 광대들의 공연

고용주 주최의 파티

고용주의 여행에 동반

외출해서 하는 것

많은 사람들이 함께 즐기거나 고용주에게 의존

관련항목
● 빅토리아 왕조의 오락→No.028
● 여자 가정교사→No.042
● 잡일 담당 하녀→No.051
● 퍼브→No.093

# 사용인과 병

빅토리아 왕조 때 사용인들의 대부분은 가혹한 노동을 견뎌야만 했다. 그래서 그들 특유의 질환에 시달리는 사람도 적지 않았다고 한다.

## ● 사용인을 힘들게 한 병

열악한 환경에서 일하는 경우가 많았던 빅토리아 왕조의 사용인들은 몸에 이상을 호소하는 사람이 정말 많았다. 고용주가 친절한 경우에는 약사에게 증상을 보이거나 고용주가 출자하는 병원에서 치료를 받도록 했다. 그러나 대부분의 경우는 병이 나서 일을 못 하게 된 시점에서 일방적으로 해고를 당했다고 한다. 실제로 동료가 병을 이유로 해고 당한 것을 기록으로 남기고 있는 사용인들도 적지 않았다. 그러면 당시 사용인들이 많이 걸렸던 병에는 도대체 어떤 것이 있었을까?

만성적인 무릎 통증을 동반하는 관절 계통 질환은 무릎을 꿇고 일을 많이 하는 사람일수록 쉽게 걸리는 직업병이다. 바닥이나 계단을 닦기 위해서 장시간 무릎을 꿇고 있는 **가사 담당 하녀**House maid**와 잡일 담당하녀**Maid of all works에게 많이 보이는 증상이어서 일명 하녀 무릎병 이라는 이름이 붙여지게 되었다고 한다. 그러나 실제로는 하녀들만의 증상이 아니라 **정원사**Gardener나 카펫 직공과 같은 사람들도 이런 병으로 고생을 했다. 또한 통상적으로는 주로 무릎의 관절 속에 염증을 일으키는 병이었지만 무릎이 짓물러서 잡균 등이 들어가면 그 외 다른 감염 증세를 일으키는 경우도 있다. 성홍열이나 천연두와 같은 전염병도 많은 사용인들을 힘들게 만들었다. 사용인들이 잠자는 침실은 환기가 나쁜 지하실이나 지붕 아래 뒷방으로 수용 인원을 초과한 경우도 많았다. 그래서 한 사람이 병에 감염되면 강력한 전염병을 막을 재간이 없었다. 마지막으로 엄밀하게는 병이라고 할 수 없지만 심한 주부 습진도 여성 사용인을 힘들게 했다. 특히 **설거지 담당 하녀**Scullery maid**와 세탁 담당 하녀**Laundry maid는 뜨거운 물과 독한 약제를 매일 사용하고 있기 때문에 손이 예쁠 수가 없었다고 한다. 당시 여성 사용인을 찍은 사진을 보면 손이 마치 장갑을 겹쳐 낀 것처럼 두꺼웠다.

## 사용인이 주로 걸린 병

### 하녀 무릎병

**주요 원인**
오랜 시간 무릎을 꿇고 있기 때문에
무릎 관절이 염증을 일으켰다.

**증상**
무릎 관절의 만성적인 통증, 무릎 표면의
피부 등의 염증 등.

**대책**
장시간 노동을 피한다.

### 전염병

**주요 원인**
사용인 방의 열악한 환경,
영양 부족 등

**증상**
다양하다. 사용인끼리 혹은 사용인에서
고용주로 감염되는 경우도 있다.

**대책**
생활 환경 개선

### 주부 습진과 동상

**주요 원인**
장시간 물을 사용한 일,
청소용의 독한 세제 사용

**증상**
통증, 가려움, 각질,
균열, 출혈 등

**대책**
자기 전에 오일 등을 바른다.

# 귀족

## Definition

빅토리아 왕조 이전부터 사용인의 최대의 고용주인 귀족들. 우아할 것 같은 이들의 생활에도 여러 가지 다른 면이 있었다.

## ● 사용인을 가장 많이 거느렸던 고용주의 실상

영국 귀족 제도는 15세기경에 그 형태를 갖추기 시작한다. 그 이전에는 공작, 후작, 백작, 자작, 남작이라고 하는 현재와 같은 귀족 제도가 없었다. 또한 한 마디로 귀족이라고 해도 몇 가지의 이름이 존재한다. 가령 귀족원 의원을 가리키는 Peerage, 국왕에 의해 칭호를 받은 Aristocracy, 그 중에서도 지위가 높은 Nobility 등으로 분류할 수도 있다.

그러면 실제로 작위를 한 번 살펴 보자. 아까 이름을 든 공작에서 남작까지는 세습 귀족, 그 아래에 준남작, 훈작위가 있지만 대부분의 경우에는 세습 귀족과 구별해서 생각할 수 있었다고 한다. 실제로 귀족의 작위는 오래되면 오래될수록 좋은 것이라고 여겼다. 같은 작위라도 그것을 받은 연대가 오래되었다면 격이 높은 것이었다. 이러한 세습 귀족들은 그들이 보유하고 있는 토지에서 세금만으로 사치스런 삶을 만끽할 수 있었다. 그래서 교육에서도 학업보다는 인격과 지도력을 닦는 것에 중점을 놓는 경우가 많았다고 한다.

이렇게 보면 귀족들의 삶은 편안한 것이라고 생각할 수도 있지만 그들은 그들 나름대로 자신들의 의무를 지키고 있었다. 그것이 이른바 「노블레스 오블리제<sup>noblesse oblige</sup>」 정신이다. 그들은 거의 급여를 받지 않고 치안 판사 등의 직무를 수행하고 가난한 사람들에 대한 자선 활동을 하고 어떨 때는 재능 있는 사람들의 스폰서로서 막대한 금전을 낭비했다. 그리고 솔선해서 군 복무를 하고 귀족으로서의 역할을 했다. 그러나 19세기 말부터 귀족 사회에 어두운 그림자가 비추게 되었다. 두 번에 걸친 세계대전으로 유력 귀족 자제들의 대부분이 목숨을 잃었고 전쟁 비용 염출 때문에 생긴 상속세가 당시 급속하게 경제 기반을 잃어가던 귀족 사회를 압박했기 때문이다.

## 귀족의 계급

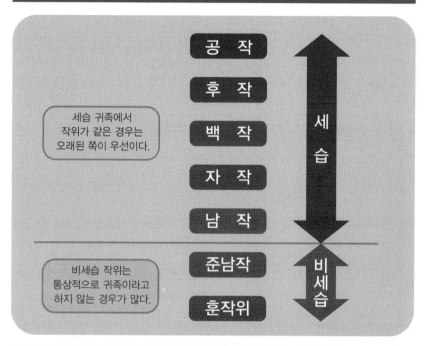

공작
후작
백작
자작
남작

세습

준남작
훈작위

비세습

세습 귀족에서
작위가 같은 경우는
오래된 쪽이 우선이다.

비세습 작위는
통상적으로 귀족이라고
하지 않는 경우가 많다.

## 귀족의 명칭

| 명 칭 | 의 미 |
|---|---|
| Aristocracy | 국왕에게 수여 받은 귀족. 세습 귀족의 신분을 나타낼 때 제일 많이 사용된다. |
| Nobility | 아리스토크래시(Aristocracy) 중에서도 특히 지위가 높은 귀족을 가리키지만 젠트리를 포함한 귀족으로서 사용되는 경우도 있다. |
| Peerage | 세습제 귀족. 그들 대부분은 상원 의석을 차지하고 있었으므로 귀족원 의원의 의미로서도 사용되었다. |

관련항목
● 상류 계층→No.014

# 기업가

Entrepreneur

기업가는 시대가 낳은 새로운 부유층으로 사용인 계층의 새로운 고용주이기도 했다.

## ● 영국 사회에 큰 변화를 가져온 존재

빅토리아 왕조에 나타난 **기업가**는 이전까지 부유층의 대부분을 차지하고 있던 대토지 소유가 아니라 금융과 상업 활동을 기반으로 하는 새로운 사용인 고용 계층 사람들이다. 이들은 해외 무역상, 식민지 개척자, 방적공업, 철도 사업으로 성공한 투자가 등 그 출신도 다양했다. 이들의 성공 배경에는 17세기부터 18세기에 걸쳐 영국 재정 개혁과 식민지 무역의 발전이 있다. 대외 전쟁의 전쟁 비용 염출을 위한 국채 발행, 징세 시스템의 정비, 안정된 증권 시장의 성립은 금융 관계자에게 큰 이익을 가져다 주었다. 또한 식민지 무역의 확대는 해외 무역상에게 큰 비즈니스 기회를 가져다 주었다. 이 흐름은 여기에서 멈추지 않고 나중에 일어난 산업혁명의 성공으로 이어진다. 막대한 부를 얻은 기업가는 산업화를 촉진하는 자본을 제공하고 광대한 식민지는 값싼 원료와 공업 제품을 위한 큰 시장을 제공했다.

이렇게 경제적인 힘을 가진 기업가가 드디어 사회적 지위 향상을 위해 나섰다. 당시 금융과 제조업자는 대토지 소유에 필적할 만한 부의 원천을 소유하고 있었으며 그것들의 직업 자체가 사회적 지위로 변화하고 있었다. 그러나 스스로 생활비를 벌어온 그들은 철저한 지배 계층인 젠틀맨으로서는 대우를 받지 못했다. 그래서 그들은 **상류 계층**을 흉내 내서 사용인들을 고용하고 수입의 원천이 되는 토지를 대규모로 소유하려는 목표로 세웠다. 그러나 그것은 지가地價의 폭등으로 바로 폐색 상태가 되어 버리고 만다. 그래서 그들이 한 것이 젠틀맨으로서의 교육을 자식들에게 가르친 것이었다. 이러한 도전은 성공을 거두어 새로운 젠틀맨 계층이 된 그들의 존재는 관세 제도와 군 제도에 큰 변화를 가져왔다.

## 주요 기업가와 성공 요인

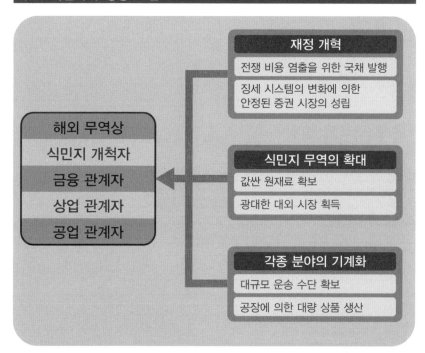

### 재정 개혁
전쟁 비용 염출을 위한 국채 발행

징세 시스템의 변화에 의한
안정된 증권 시장의 성립

**해외 무역상**
식민지 개척자
금융 관계자
상업 관계자
공업 관계자

### 식민지 무역의 확대
값싼 원재료 확보

광대한 대외 시장 획득

### 각종 분야의 기계화
대규모 운송 수단 확보

공장에 의한 대량 상품 생산

## 기업가들의 젠트리화 방법

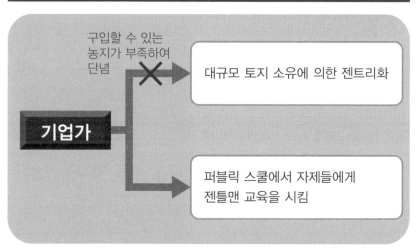

구입할 수 있는
농지가 부족하여
단념

**기업가**

대규모 토지 소유에 의한 젠트리화

퍼블릭 스쿨에서 자제들에게
젠틀맨 교육을 시킴

# 경찰관
Policeman

현대 영국에서도 보비라고 불리며 든든한 버팀목이 되고 있는 경찰관(Policeman). 그러나 그런 그들도 발족 당시에는 이런 저런 문제가 많았다고 한다.

## ● 근대 경찰의 성립

이전 세기부터 계속된 오랜 시행착오와 개혁의 결과, 런던에 근대 경찰의 원형이라고 할 수 있는 수도 경찰이 탄생한 것은 1829년의 일이었다. 현대에는 보비라고 하는 애칭으로 친숙한 그들이지만 발족 당시에는 오히려 적대감이라는 감정이 있었다고 한다. 근대 경찰 시스템이 올바르게 이해되지 못했던 것, 단속 대상이 될 경우가 많은 하층민에게 원한을 산 것 등 이유는 많았다. 하지만 무엇보다도 가장 큰 원인은 그들 자신의 직무태만이었다. 그래서 군대와의 차별화를 위해서 푸른색 제복, 젠틀맨으로서의 패기를 나타내는 실크 해트, 나중에 채용된 헬멧 등 서민들이 의지할 수 있도록 한 표식마저도 비판과 조소의 대상이 되었다고 한다. 그러나 많은 **경찰관**Policeman은 열심히 직무에 종사했고 빅토리아 왕조 후기에 들어서면서 그들에 대한 평가는 호전된다. 그것은 그들 자신이 서민에게 경찰로 인정받기 위해서 노력을 계속한 결과였다.

## ● 경찰관과 여성 사용인

당시의 경찰에 대한 비판 중 하나로 「경찰관이 저택의 주방Kitchen으로 몰래 들어가 즐겁게 수다를 떨었기 때문에 필요할 때 범인 등을 잡지 못했다」는 것이 있었다. 그것에 따르면 경찰들은 자신의 구역에 있는 저택의 주방으로 찾아가 **요리사**Cook나 **주방 하녀**Kitchen maid와 즐겁게 수다를 떨고 있었다고 한다. 이런 풍경은 잡지 『펀치』 등에 실려 당시 경찰관의 직무태만을 상징하는 이미지로 널리 알려졌다. 『타임』지에는 실제 예가 투고될 정도였다. 또한 경찰관도 **병사**와 마찬가지로 **보모**Nurse maid를 장난 삼아 건드리는 일이 많았다. 런던의 공원에서는 여자를 헌팅하려고 혈안이 된 경찰관의 모습이 자주 목격됐다고 한다.

## 근대 경찰 성립까지의 경위

| 연대 | 사건 |
|---|---|
| 1751년 | 필딩 형제, 런던 보우스트리트의 치안 법정에서 근대 경찰의 원형이 되는 조직을 설립 |
| 1792년 | 보우스트리트에다 7곳이 더 경찰력을 가진 치안유지법정이 개설되었다. |
| 1829년 | 로버트 필 경(Sir Robert Peel), 런던에 수도 경찰을 설립. 경찰관의 신분이 국가에 의해 보장된다. |
| 1829년 | 수도 경찰의 성공으로 지방에도 주 경찰이 개설됨. 이후 1856년까지 30곳의 주에 경찰이 배치된다. |

## 경찰관에 대한 사람들의 반응

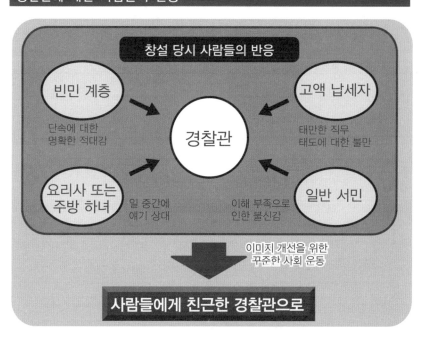

## 관련항목

# 육군 병사

Army

빅토리아 왕조에서 여성의 병사에 대한 열광은 『군인 숭배열』이라는 말로 표현될 정도였다.

## ● 육군 병사와 사용인

17세기부터 200년간 계속된 영국군의 빨간 제복은 당시 여성에게는 동경의 대상이었다. 그것은 여성 사용인도 예외는 아니어서 병사와 교제하는 사람이 많았다고 한다. 사실 19~20세기에 걸쳐 활약한 여성 사용인 위니프리드 그레이스의 전기에는 영국 병사에 대한 동경과 병사들과의 교제에 대해 상당히 자세히 적혀 있다. 그러면 당시 병사들이 어떤 생활을 하고 사용인과 어떤 관계에 있었는지 살펴보자.

## ● 당시 육군 병사들의 생활

당시 육군 사관, 특히 장교 클래스는 도시의 **귀족**들과 동등한 생활을 하도록 정해져 있었다. 그래서 일반 병사처럼 막사에서 생활하는 것이 아니라 근처 호텔 등을 빌려 생활했다고 한다. 하지만 그 생활이 풍족하다고는 할 수 없고 소속된 연대 내의 사람들이 돈을 내서 회식을 하는 등 경비 삭감에 노력해야 했다. 그들은 사용인을 고용하는 측의 사람으로 교제 방식도 고용주와 사용인의 틀에서 벗어나지 못했다.

한편 일반 병사는 매우 혼잡한 막사에서 공동생활을 하고 있었다. 막사의 혼잡함을 더욱 악화시킨 것이 바로 병사들의 아내와 아이들이었다. 그래서 육군 내에서는 결혼에 난색을 표하는 풍조가 생겼고 결국에는 연대장인 육군 대령의 허가를 받지 않으면 결혼을 할 수 없게 되었다. 그래서 젊음을 주체하지 못하는 병사들 눈에 들어온 것이 바로 여성 사용인이었다. 매춘부처럼 나쁜 병을 옮길 걱정도 없는 좋은 연애 대상이었다. 특히 **보모** Nurse maid는 밖으로 외출할 기회가 많고 젊은데다 세상의 때가 묻지 않았으므로 병사들이 주로 말을 걸었다. 하지만 해군의 일반 병사는 19세기 중반까지 따로 마련된 제복이 없었기에 이러한 이야기가 별로 전해오지 않는다.

## 당시 육군 병사의 생활

### 육군 사관

| | |
|---|---|
| 주거 | 병영 근처의 호텔이나 주거를 확보 |
| 식생활 | 다른 사관들과 돈을 서로 내서 「회식」을 하는 것이 일반적이다. |
| 결혼 | 중류 계층에서도 위에 속하므로 사교계 등에서 상대를 발견하는 경우가 많다. 다만 인도 방면에 부임하는 군인의 부인은 고생을 많이 했다. |

### 육군 하사관, 일반 병사

| | |
|---|---|
| 주거 | 군이 준비해 준 막사 |
| 식생활 | 막사에서 제공하는 식사. 맛도 없고 양도 부족한 경우가 많았다. |
| 결혼 | 연대장의 허가가 필요. 입대 때부터 아내와 자식이 있는 경우는 함께 막사에서 생활할 수 있었다. |

## 육군 병사와 사용인의 관계

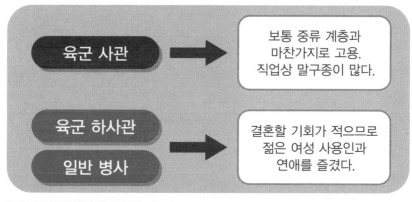

육군 사관 ➡ 보통 중류 계층과 마찬가지로 고용. 직업상 말구종이 많다.

육군 하사관 / 일반 병사 ➡ 결혼할 기회가 적으므로 젊은 여성 사용인과 연애를 즐겼다.

관련항목

● 빅토리아 왕조의 군 → No.032
● 보모 → No.049
● 사용인의 결혼과 연애 → No.081
● 귀족 → No.089

# 퍼브

Pub

현재 노동자 계층의 사교장으로 알려진 영국의 퍼브. 당시의 사용인들도 애용하고 있었다.

## ● 대중의 사교장

퍼브는 빅토리아 왕조의 노동자들의 사교장 겸 휴식처다. 원래는 길가의 여관이었지만 숙박하는 손님이 늘면서 술집을 포함한 여러 가지 오락 거리의 장소, 교통 센터로서의 역할을 하게 되었다. 19세기 초기에는 직업 소개소, 우체국, 급여 지불 장소 등 다양한 역할을 했으며 이용자도 **상류 계층**에서 노동자까지 실로 다양했다. 여러 정치 운동의 거점이 되기도 하고 역사상 중대한 역할을 하는 장소로 많이 제공됐다고 한다. 그러나 19세기 후반에 들어서면서 회원제 클럽 하우스, 커피 하우스 등이 생기자 상류 계층과 그 주위에서 생활하는 사람들이 점차 퍼브에서 멀어져 갔다. 결국에는 다양한 역할도 잃고 노동자들의 휴식처로서의 역할만이 남게 되었다.

## ● 사용인과 퍼브의 관계

**노동자 계층**의 휴식처인 퍼브는 당연한 말이지만 사용인들에게도 휴식처가 되었다. 특히 남성 사용인은 오후에 자유 시간을 가지게 되면 퍼브에 눌러 앉아 있는 경우도 많았다고 한다. 또한 런던에는 사용인 전용 번화가에 있는 사용인 전용 클럽 등도 있어서 그 쪽으로 가는 남성 사용인도 많았다. 여성 사용인은 이러한 장소에 출입하는 것이 금지된 경우가 많았지만 보통 중노동 스트레스 때문에 퍼브에서 과음을 하고 귀가 시간을 넘겨서 해고당하는 일도 적지 않았다. 또한 퍼브의 경영자는 사용인들이 은퇴한 후에 새로운 생업으로서 많이 선택하는 직업 중 하나이기도 했다. 이러한 퍼브의 경영에는 전 고용주가 출자를 하고 있는 경우도 많고 저택에 남은 사용인들의 휴식처가 되었다고 한다.

## 퍼브의 종류

### 인(Inn)
선술집 겸 여관. 각종 사회적인 역할을 가지고 있다.

### 태번(Tavern)
술과 식사를 제공한다. 에일 하우스보다 고급이다.

### 에일 하우스(Alehouse)
맥주 등의 주류와 식사 제공

### 진숍(Ginshop)
오로지 진 등의 주류만 제공

### 비어 숍(Beershop)
직접 양조한 맥주 제공

※ 18세기까지의 퍼브 는 진정한 의미에서 사교의 장이었다. 상류 계층부터 노동자 계층까지 필요에 따라 이용 했 다.
19세기 이후로 들어서면서 고객층은 분화되고 퍼브에 출입하는 것은 상류 계층에게 있어서 치명적인 것이 되었다. 또한 퍼브의 경영자는 은퇴한 남성 사용 인의 새로운 직업으로서 인기가 많았다.

## 퍼브가 가진 사회적 역할과 퍼브의 변용

노동조합 거점 | 정치활동의 거점 | 직업 소개소 | 상업 거래처 | 레저 시설 | 숙박 시설

음주에 대한 비판과 오락의 건전화 → 고객층의 분화 → 전문시설로 역할이 분화

### 현재의 퍼브

# 거리의 상인

거리를 생활의 터전으로 삼고 있는 거리의 상인. 사용인과의 접점도 적지 않았던 그들은 도대체 어떤 사람들이었을까?

## ● 거리의 상인과 사용인

사용인들과 관계가 깊은 직종으로 거리 상인이 있다. 그들이 파는 피시앤드칩스<sup>Fish and chips</sup>, 장어 파이, 샌드위치 등은 외출이 허락된 사용인들의 가벼운 식사 거리가 되었고 **보모**<sup>Nurse maid</sup>들은 아이들을 산책시키면서 공원에서 우유 파는 상인에게서 아이들에게 우유를 사줬다. 그런 관계 때문에 그들은 사용인들의 연애 사정 등을 파악하고 있는 경우가 종종 있었다고 한다.

## ● 상혼이 투철한 거리의 사람들

거리 상인들은 순수한 상인, 외국인, 못 먹고 살게 된 직인, 여러 가지 이유로 직장을 원하는 여성 등으로 구성되어 있다. 거리 상인이라고 한 마디로 정의를 내리기에는 그 종류가 다양했다. 살인 사건 등을 취급하는 가십 잡지를 독특한 말투로 팔고 있는 노점 상인, 여러 가지 재주를 선보이는 거리 예술가, 다양한 일상 생활 용품과 잡화를 팔고 있는 거리 상인, 거리 직공 등으로 나눌 수 있었다.

그러나 이러한 상인들 중에서 가장 거리 상인 다운 사람은 순수한 행상인일 것이다. 그들은 어릴 때부터 부모를 따라 시장을 돌며 무엇을 어디서 구입하여 어떻게 팔면 좋은지를 배웠다. 그래서 아이들이라 해도 도중에 시작한 어른들보다 훨씬 잘 팔았다고 한다. 기본적으로 도박을 좋아하고 거칠고 못 배웠지만 머리 회전이 빠른 사람들이었다. 이들은 동료 의식이 강하고 독자적인 은어를 많이 사용하기 때문에 관계자가 아닌 사람과의 차별화를 꾀했다. 또한 장사를 방해하는 일이 많은 **경찰관**<sup>Policeman</sup>을 적대시 하고 그들에게 싸움을 걸어서 깜짝 놀라게 하는 것이 명예라고 생각했다. 이렇게 보면 단순히 무법자 같지만 실제로는 아이들에게 상냥하고 같은 동업자 사이에서도 고결하고 정직한 사람들이었다.

## 거리 상인들의 종류

| 이 름 | 취급 상품 | 해 설 |
|---|---|---|
| 노점 상인 | 가십 잡지 등 | 자신의 언변에 의지해서 상품을 파는 상인. 목사 등 지식 계층 출신이 많고 높은 교양을 가지고 있는 사람이 많다. 대체로 다른 거리 상인을 바보로 여기고 스스로를 「거리 상인의 귀족」이라고 부른다. |
| 거리 예술가 | 인형극, 곡예 등 | 거리에서 예술 행위를 해서 돈을 버는 상인. 화려한 것을 좋아하고 장인 기질도 다분했다. 인기가 있는 사람은 저택으로 불려가는 경우도 있다. |
| 거리 직인 | 수공품 등 | 거리에서 자신이 만든 수공품을 파는 상인. 여러 가지 이유로 영락하게 된 상인이 많다. 거리에서 아무 말 없이 상품을 만들고 있다. |
| 행상인 | 생선, 과일, 야채 등 | 도매 시장에서 사온 상품을 파는 상인. 순수한 행상인이라 할 수 있는 이들은 자신들만의 독특한 은어를 사용해서 다른 사람들과의 차별화를 꾀했다. 머리 회전이 빠르지만 도박을 좋아하고 난폭하다. 경찰관을 적대시 하는 등 언뜻 무법자 같지만 아이들에게 상냥하고 동료 사이에서는 고결했다고한다. |

## 거리 상인과 사용인의 관계

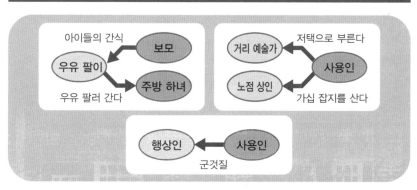

관련항목
- 당시의 중대 사건→No.013
- 빅토리아 왕조의 상점과 쇼핑→No.030
- 보모→No.049
- 사용인의 결혼과 연애→No.081
- 경찰관→No.091

# 우편 배달부

현대에서는 흔한 통신 수단의 하나일 뿐인 우편. 그러나 빅토리아 왕조 시대에는 현대와는 조금 다른 일면을 가지고 있었다.

## ● 근대 우편의 성립과 우편 배달부

19세기 초의 영국은 유럽에서도 비교적 늦게 우편 제도를 도입했으며 거리와 편지지의 매수에 따라 우편 요금이 바뀌므로 수취인이 요금을 지불했다. 그래서 **우편 배달부**Postman는 수취인과 직접 협상을 해야만 했으며 우편 배달은 상당히 시간이 걸리는 작업이었다고 한다. 요금도 비싸고 편지를 받는 일이 불가능했다던가 절약을 위해서 편지지 가득 글자를 쓰는 등 서민에게는 이용하기 어려운 것이었다. 1840년 발송인이 우표값을 지불하고 전국 요금 균일화를 내용으로 담은 1페니 우편제도가 도입되면서 우편은 서민에게도 이용하기 쉬운 것이 되었다. 철도라는 운송 수단의 등장도 일익을 담당했으며 빅토리아 왕조 후기에 들어서면서 우편은 일반적인 연락 수단이 되었다. 그러나 우편함에 대한 개념은 그리 널리 퍼지지 않아서 우편 배달부는 그 때까지도 여전히 수취인 집의 문을 노크해서 직접 편지를 전달했다고 한다.

## ● 우편 배달부와 사용인

가족과 연인에게 온 편지는 폐쇄적인 공간에서 생활하는 사용인에게 바깥 세계를 느끼게 하는 몇 안 되는 즐거움 가운데 하나였다. 당시 사용인들에게 온 편지는 **집사**Butler와 **가정부**Housekeeper 등 대표자가 한꺼번에 가지고 있다가 각 사용인에게 전달했다고 한다. 그래서 좀처럼 편지를 주지 않는 집사들 때문에 상당히 안절부절못하던 사용인들도 많았다. 또한 우편 배달부의 방문에 응대한다는 것도 사용인으로서는 오락 중 하나였다. 세상의 정보를 많이 알고 있는 그들과의 대화는 사용인들에게는 즐거운 휴식이었을 것이다. 그래서인지 우편 배달부가 사용인들의 식사에 초대되는 일도 종종 있었다.

## 우편이 사용인의 손에 전달될 때까지

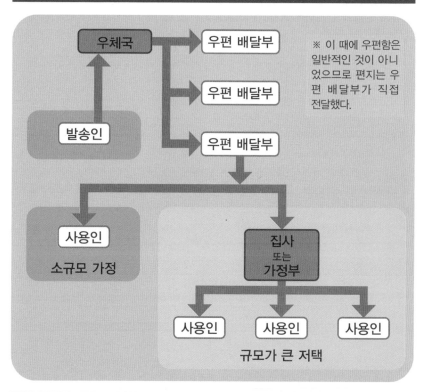

※ 이 때에 우편함은 일반적인 것이 아니었으므로 편지는 우편 배달부가 직접 전달했다.

## 1페니 우편제도의 도입으로 인한 변화

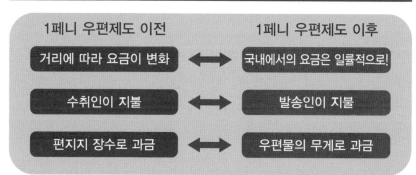

# 빅토리아 왕조의 식생활의 위험성

위험한 첨가물과 유전자 조작 식품, 그리고 여러 가지 가축의 질병에 이르기까지 등 현대 에도 식품의 위험은 셀 수 없이 많다. 그러나 법률에 따라 어느 정도 안전을 보장받고 있는 현대는 그나마 괜찮은 편이다. 영국에서 「불량 식품 단속법」이 성립된 것은 19세기 후반인 1860년의 일이었다. 그러나 법률이 성립되지마자 바로 효과가 나타난 것은 아니었다. 빅토리아 왕조의 식품을 둘러싼 상황은 현대의 감각으로는 도저히 받아들일 수 없을 정도로 심각했다.

먼저 마시는 물을 살펴보자. 당시 마시는 물은 여러 수도 회사에서 공급했다. 양심적인 수도 회사라면 물을 대충이나마 정화 처리 했지만 대부분의 수도 회사는 수원에서 그대로 물을 끌어왔다. 심각한 경우는 런던과 같은 도시에서 하수나 공장 폐수가 흘러 들어간 템스 강에서 아무런 처리도 하지 않고 물을 끌어왔다고 한다. 당연한 말이지만 그대로 마시면 위험하며 끓여서 살균 처리를 하거나 식초 등 약품을 떨어뜨려 마실 수밖에 없었다. 마찬가지로 우유도 심각했다. 즉석으로 소의 젖을 짜서 직접 손님에게 제공하는 행상인을 제외하면 당시 우유는 물을 타서 양을 늘리는 것이 보통이었다. 당연히 그렇게 하기 위해서는 물은 강의 물을 썼다. 또한 뚜껑이 없는 용기로 옮기는 경우가 많고 창문에서 던지는 쓰레기와 오물이 들어가는 경우도 많았다고 한다. 보존에 관해서도 신경을 썼다고는 할 수 없고 먼 지방에서 운반된 우유의 위험도는 상당히 높았다. 이렇게 그대로 마시기에는 위험한 음료수를 피하기 위해 주류를 마시기도 했는데 이 때도 방심하면 큰 코 다치는 수가 많이 있었다. 와인에 초산, 염료, 설탕 등을 타서 맛도 그렇고 겉으로 보기에는 그럴 듯 하게 보이게 만드는 일은 일상다반사였다. 일부 가정서 등에는 와인의 안전성을 확인하기 위한 방법이 몇 가지 게재되어 있었다고 전해진다. 고용주를 위해서 안전한 와인을 제공하는 것도 집사의 중요한 역할 중 하나였다.

한편 식품에도 상당히 많은 불순물이 포함되어 있었다. 빵집에서 굽는 그다지 좋지 않은 빵에는 밀가루 이외에 백반이나 감자 분말이 사용되는 경우가 많았다. 하지만 이 정도는 아무것도 아니었다. 석고나 암모니아 소다, 무덤에서 가지고 온 뼈를 부순 가루 등을 넣는 경우도 있었다. 그 외에도 초콜릿에 벽돌 가루를 섞거나 식품 염색에 녹청을 사용하기도 하는 사례는 너무나 많았다. 현재의 감각으로는 안전할 것이라고 생각하기 쉬운 통조림도 위험한 식품 중 하나였다. 당시 통조림 캔의 뚜껑은 납땜해서 밀폐 처리 했다. 그러나 납땜의 주요 원료인 납은 식품에 녹아 들어 인체에 흡수되면 죽음에 이르는 중독 증상을 일으킨다. 이 위험성은 상당히 이른 단계에서 지적되었지만 통조림 제조 업체는 비용 절감을 위해서 좀처럼 개선하려고 하지 않았다고 한다.

더욱이 이렇게 위험한 식품의 피해에 직면해 있는 계층은 선택지가 적은 주로 노동자 계층이었고 상류 계층과는 그다지 관계가 없었다고 한다.

# 제 4 장
# 사용인 잡학

# 독일의 사용인

사용인이 활약한 것은 빅토리아 왕조의 영국에서만이 아니다. 여기서는 독일의 사용인에 대해 알아보자.

## ● 독일의 어려운 사용인 사정

독일의 사용인은 영국의 사용인과 근본적으로 많이 달랐다. 일부 책에 따르면 독일 사용인들은 봉건제도의 노예나 다름없으며 20세기에 이르기까지 법률로 규정된 하나의 사회적 계층으로서 인식되었다고 한다. 그들은 독일의 전통적인 가부장적 제도에서 「집」을 구성하는 요소의 하나로 인식되었으며 실태는 어떤지 모르지만 고용주의 피보호자로서 취급을 받았다. 또한 그 외 대부분의 유럽 여러 나라에서는 가사 사용인으로 대신되었던 농노가 계속 존재했다는 점이 달랐다고 할 수 있다.

당시 주요 사용인으로서는 다음과 같은 것이 있었다. 남성 사용인은 집사, 시종, 기마관, 급사, 요리사, 마부, 말구종, 사냥터 관리인, 정원사, 길잡이가 있고 여성 사용인으로서는 시녀, 가정부, 요리 담당 하녀, 유모, 집 담당 하녀가 있었다. 이와 같이 종류는 영국과 큰 차이는 없다. 또한 사용인 전체의 사람 수 비율도 남성보다도 여성이 많다는 것에 대해서도 비슷하다고 할 수 있다. 게다가 저택 관리인도 존재했었지만 이들은 법적으로 통상적인 노예와는 다른 계층이었다.

실제 노동 환경을 보면 영국의 최하층 사용인과 비교해서도 상당히 가혹했다. 고용주는 법적인 비호를 받아 사용인을 상당히 심하게 다룰 수 있었다. 당시 여성 사용인의 수기 등을 보면 그들이 심한 폭력에 노출되어 있었음을 알 수 있다. 일단 사용인을 보호하는 법률도 있고 그들이 고용주를 고소할 수도 있지만 대부분의 경우에는 인물증명서 내용 때문에 굴복했었다. 급여도 그다지 좋지 않아서 매춘으로 부업을 할 수 밖에 없는 여성 사용인도 상당수 있었다고 한다.

## 독일의 주요 사용인과 특징

**독일의 사용인**

### 각 자료에서 보이는 주요 사용인

| | |
|---|---|
| 집사 | 시녀 |
| 시종 | 가정부 |
| 기마관 | 요리 담당 하녀 |
| 급사 | 유모 |
| 요리사 | 집 담당 하녀 |
| 하인 | |
| 말구종 | |

### 독일 사용인의 특징

**가부장적 제도**

가장(고용주)
안주인
고용주 가족
저택 관리인
사용인

● 가부장제에서 「집」의 구성원 중 하나로 인식되었으며 명목상 피보호자로 되어 있었다.
● 저택 관리인과 사용인은 법적으로 다른 계층이라고 정해져 있었다.
● 법적으로 사용인에 대한 학대가 어느 정도 인정되었다.
● 19세기에 들어서도 농노의 수가 많았다.

# 프랑스의 사용인

사용인이 활약을 한 것은 빅토리아 왕조의 영국에서만이 아니다. 여기서는 프랑스의 사용인에 대해 알아보자.

## ● 프랑스의 사용인 사정

프랑스의 사용인 대우는 18세기를 기점으로 크게 바뀌었다. 그전까지는 봉건적인 취급만 받았던 사용인이 프랑스 혁명 이후에 일어난 대개혁으로 직업인으로서의 지위를 확립했다. 또한 고용주도 주요 사용인 고용 계층인 귀족과 성직자가 몰락하면서 당시 쁘띠 부르주아 계층 이상의 부유 계층이 주류가 되었다. 그러나 그들은 노동자 계층과의 차별화를 위해 무리를 해서라도 사용인을 고용하는 경우도 많았고 값싼 급여로 고용할 수 있는 여성 사용인을 몇 명 고용하는 것이 고작이었다. 그래서 프랑스에는 많은 잡일 담당 하녀가 있었다.

한편 프로로서의 전통적인 사용인은 그 수가 줄어들었고 20세기가 가까워지면서 상류 계층 사람들이 이런 사용인을 고용하는 것은 더욱 어려워졌다고 한다.

그러면 실제 사용인들을 살펴보자. 당시 사용인으로서는 주방장, 요리 담당 하녀, 급사장, 은식기 담당, 안내인, 종복, 하녀장, 방 담당 하녀, 유모, 보모, 문지기 혹은 문지기 하녀, 정원사, 저택 관리인 등이 있다. 이 중에서도 특히 권력을 가지고 있었던 것이 주방장 또는 요리 담당 하녀, 방 담당 하녀 또는 유모로 전자는 요리 실력으로 고용주에게 강한 발언권을 가지고 있으며 후자는 안주인과 연결이 되어 다른 사용인보다도 상위에 속했다고 한다. 하지만 사용인에 대한 대우는 영국이나 독일과 다름없이 가혹했다. 대부분의 경우 쉬는 시간도 주지 않고 일을 했다고 한다. 사회적 지위도 그렇게 높은 것이 아니었다. 1890년에는 인물증명서에 불리한 기술을 하는 것이 금지되는 등 개선의 여지가 보였지만 수입을 보충하기 위해서 매춘을 하는 여성 사용인이 많이 나타나는 등 쾌적한 직장 환경이라고는 말할 수 없었다.

**프랑스의 사용인**

| 각 자료에서 보이는 주요 사용인 | |
| --- | --- |
| 주방장 | 하녀장 |
| 급사장 | 방 담당 하녀 |
| 은식기 담당 | 유모 |
| 안내인 | 보모 |
| 종복 | 요리 담당 하녀 |
| | 잡일 담당 하녀 |
| | 청소부 |

## 프랑스의 사용인의 특징

혁명에 의해 귀족, 종교계 몰락

▼

사용인 고용의 부르주아 계층으로 이행

▼

잡일 담당 하녀의 증가

● 혁명 후 사용인 고용 계층은 귀족과 종교계에서 부르주아 계층으로 변화
● 요리사나 요리 담당 하녀의 발언권이 강하다.
● 방 담당 하녀, 유모의 발언권이 강하다.
● 가부장 제도적인 존재가 아니라 고용주와의 관계는 평등
● 농노의 수가 적다.

# 미국의 사용인

이민 국가로서 탄생한 미국. 스스로의 세계를 열어버린 개척자의 세계에서는 사용인도 그 존재 방법을 바꿔야 했다.

## ● 미국의 사용인 사정

미국에서 사용인 사정은 다른 서구 여러 나라에 비해서 특이하다고 할 수 있다. 식민지 시대의 미국에서 사용인은 기간제 고용살이를 했다. 정해진 기한을 일하면 50에이커의 토지나 그에 부합하는 급여를 받았다고 한다. 그 대신 기간 중에는 어떤 노동도 해야 했고 거의 기간 한정 노예나 다름 없었다. 이러한 기간제 고용살이의 사용인이 된 사람들의 대부분은 아일랜드 출신 여성을 중심으로 한 이민자였다. 언뜻 보면 가혹한 제도이지만 가족에게 돈을 보내야 하는 그들에게는 의식주를 보장받는 사용인이라는 직업은 상당히 좋은 것이었다. 19세기의 미국에서도 사용인의 고용 형태는 다른 나라와 달랐다. 고용 계약은 1개월이라고 하는 아주 짧은 기간에 이루어졌다. 또한 통상적으로 1개월 전에 해야 할 해고 통보도 없기 때문에 사용인은 해고를 통보 받은 날 저녁에는 저택을 나가야 했다. 그래서인지 고용주와 사용인의 관계는 상당히 사무적이 되기 쉬웠다. 사용인 인구의 대부분을 여성이 차지하고 있다는 점은 다른 서구 여러 나라와 공통되지만 직종별로 특화된 사용인 제도라는 것이 아니며 많은 사용인이 있어도 분담해서 일을 하는 것이 아니었다. 또한 18세기에는 이민자가 차지한 사용인 인구지만 19세기에는 그 대부분을 미국 출신 백인 여성이, 19세기 후반에는 미국 출신 흑인 여성이 차지했다. 이유는 여러 가지가 있지만 백인 여성에게는 각종 직업의 문호가 개방된 것에 비해 흑인 여성이 취직할 수 있는 직업은 사용인밖에 없었다는 것이 가장 큰 이유일 것이다. 미국의 지배 계층 사람들에게 흑인 여성은 「가사로 고생하는 중류 계층의 백인 여성」을 돕기 위한 존재에 지나지 않았다.

## 미국의 주요 사용인과 특징

> **각 자료에서 보이는 주요 사용인**
>
> 다른 서구 여러 나라와 달리 요리사 등의 일부 전문직을 제외하고는 명확한 분류를 하지 않는 경우가 많았다. 업무도 분업제가 아니라 효율이 나쁜 것도 많았다고 한다.

**미국의 사용인**

### 미국 사용인의 특징

- 여성에게 단일 업종
- 계약은 1개월 단위, 따라서 별다른 해고 통지도 없다.
- 가부장 제도적인 관계가 아니다.

### 사용인의 인종적 추이

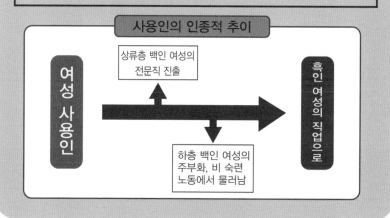

여성 사용인 → 흑인 여성의 직업으로

상류층 백인 여성의 전문직 진출

하층 백인 여성의 주부화, 비 숙련 노동에서 물러남

# 일본의 사용인

다른 외국과 마찬가지로 일본에도 사용인이라는 존재가 있었다. 그러나 그 모습은 서구와는 상당한 차이를 보였다.

## ●「젊은 하녀」와 「나이 든 하녀」의 업무 현장

근대 일본에서 사용인의 대우는 같은 연대의 유럽과 미국에 비교해 조금 다르다. 서양의 가사 사용인 대부분이 계약에 기초해 일하는 직업이었지만 일본에서는 20세기 중엽이 될 때까지 가족의 일원이며 견습 수행으로 와 있는 사용인이었다. 여성 사용인에 대해서도 「젊은 하녀」, 「나이 든 하녀」라는 명칭을 봐도 알 수 있다. 또한 사용인의 고용이 사회적 지위를 보증하지 않았다는 점과 유한 부인이 미덕이 아니라는 점도 서양과는 다르다. 오히려 손이 많이 가는 일본 가옥에서의 생활에 꼭 필요한 존재였다. 그러나 이들의 변천 자체는 서양의 상황과 비슷하다. 근대화에 따른 여성 업무의 다양화와여성 사용인의 감소, 중류 계층의 번영으로 인한 사용인 부족, 사용인에 대한 대우 변화, 입주 사용인감소 등 거의 같은 흐름이었다.

그러면 근대 일본의 사용인에 대해 알아보자. 남성 사용인으로서는 집사, 인력거꾼, 머슴, 정원사가있고 여성 사용인으로서는 밥 짓는 하녀, 잡일 담당 하녀, 시녀, 집 담당 하녀, 보모, 유모, 침모 등의 이름이 보인다. 화족과 유력 토족 등의 가정에서는 대부분의 경우 100명 이상의 사용인이 고용되었다. 그러나 중류 계층의 가정에서는 기껏해야 한 명 혹은 두 명 정도를 고용했다. 업무 자체는 서양과 비슷했으며 가혹했다. 아침에는 누구보다도 일찍 일어나 하루 종일 앉을 틈도 없이 계속 일했다. 밤에는 고용주의 가족 누군가 한 사람이라도 일어나 있으면 잘 수도 없었고 자고 있다고 하더라도 용무가 있으면 가차 없이 일어나야 했다. 정해진 휴일도 없고 휴일이 있다고 해도 어떻게 보내는지는 크게 간섭을 받았다고 한다. 당시 여성 사용인의 불만을 보면 고용주의 지나친 간섭이 싫다는 내용이많다. 또한 서양의 메이드와 제복은 제2차 세계대전 후까지도 일반적인 것이 아니었으므로 자료가 거의 없다.

각 자료에서 보이는
주요 사용인

| | |
|---|---|
| 집사 | 시녀 |
| 인력거꾼 | 집 담당 하녀 |
| 머슴 | 유모 |
| 정원사 | 보모 |

| |
|---|
| 밥 짓는 하녀 |
| 침모 |
| 잡일 담당 하녀 |

**일본의 사용인**

### 일본의 사용인의 특징

● 서구의 여러 나라처럼 사용인의 고용이
계급적 지위가 되는 것은 아니다.

●유한 여성이 사회적 지위가 아니므로 안주인이
솔선해서 가사일을 했다.

●쇼와 시대(1926~1989년) 초기까지 여성 사용인의
주요 취직 이유는 「예의범절 배우기」였다.

●법률이 정한 계약에 기초한 관계였지만
「거의 가족이나 다름없다」는 의식이 강했다.

# 메이드와 범죄 1

사용인과 범죄를 말할 때 가장 많고 또한 일반적으로 상상할 수 있는 것이 사용인이 피해자가 되는 사례였다.

## ● 범죄의 피해자가 된 사용인들

일반적으로 고용주와 사용인과의 관계는 학대하는 자와 학대 받는 자라는 이미지로 이해되는 경우가 많다. 물론 그것은 이미지일 뿐으로 고용주가 사용인을 따뜻하게 대하는 사례도 적지 않았다. 그러나 그런 이미지를 뒷받침하는 음습한 사건도 당연히 있었다.

사용인에 대한 학대는 빅토리아 왕조 이전 18세기경부터 횡행했다. 산파를 생업으로 하고 있던 엘리자베스 브라운릭은 고아원에서 데려온 사용인 소녀들을 상습적으로 학대 하고 죽게 만든 죄로 사형에 처해졌다. 또 펠러즈 경처럼 **집사**Butler가 횡령을 하고 있다고 멋대로 착각해서 살해한 사례도 많았다고 한다. 당시 사람들은 이런 사용인들을 동정은 했지만 그들이 법적으로 보호 받을 수 있게 된 것은 더 나중의 일이었다.

부당한 학대에서 사용인들을 지키는 법률이 제정된 것은 1851년이다. 1849년에 변호사인 존 슬론 부부는 **잡일 담당 하녀**Maid of all works인 제인 윌브레드에 대해 사디스틱한 학대를 했다는 이유로 폭행죄로 고소당했다. 그러나 그런 짓을 했으면서도 징역 2년이라는 비교적 가벼운 처분을 받았다.

1850년에는 농장주인 로버트 버트 부부 집에서 일하던 잡일 담당 하녀인 메리 파슨즈가 두부를 강타당해 사망했다. 검사 결과, 그녀가 학대를 받고 있었다는 사실이 발각되어 부부는 하녀 살인죄로 기소 당했다. 그러나 이것도 살인의 증거가 없기 때문에 무죄 석방되었다. 당시 여론은 이런 사용인의 대우에 크게 반발했다.

정부도 이러한 요구에 응해 겨우 사용인을 보호하는 「1851년의 하인과 사용인에 관한 법률」이 제정되었다. 하지만 그 이후에도 학대는 끊이지 않았으며 현재의 이미지가 만들어졌다.

## 학대 사건의 특징과 여론의 반응

| 피해자 | | 가해자 |
|---|---|---|
| 구빈원 출신 등 친족이 없는 소녀 | ← 학대 사건 | 비교적 유복한 가정이 많다 |

학대는 단순한 폭력은 적고 사디스틱한 내용이 많았다

### 비열한 범죄로서 크게 비판!

여론

재판 때는 많은 청중이 모였고 부당한 결과가 나올 때는 폭동이 일어나기 일보 직전이었을 정도. 정부도 여기에 신속하게 대응해서 「1851년의 하인과 사용인에 관한 법률」이 제정되었다.

## 빅토리아 왕조의 주요 사용인 학대 사건

| 년도 | 피해자 | 내 용 |
|---|---|---|
| 1849년 | 제인 월브레드 | 가해자는 고용주인 슬론 부부. 발가벗겨진 채 저택 주변을 걷게 하는 등 일상적으로 학대를 받고 식사도 받지 못했다. |
| 1850년 | 메리 파슨즈 | 가해자는 고용주인 버트 부부. 계획적으로 도를 넘어선 체벌과 학대를 받아 죽었다. 시체에는 수많은 상처가 있었고 위에는 내용물이 전혀 없었다. |
| 1860년 | 메리 앤 톰킨스 | 가해자는 고용주의 아내. 머리카락이 다 깎이는 등의 학대를 받고 식사는 물론이고 급여도 받지 못했다. |
| 1876년 | 로즈 홀 | 가해자는 안주인인 사베지 부인. 일상적인 학대를 받았으며 급여도 받지 못했다. |
| 1876년 | 엘렌 라벨 | 가해자는 고용주인 젠트 부부. 청소 중 실수로 세면대를 부순 것에 화가 나서 속옷 차림을 하게 한 뒤 채찍으로 학대를 했다. |

관련항목
●사용인과 고용주의 관계→No.036 ●집사→No.059
●잡일 담당 하녀→No.051

# 메이드와 범죄 2

대개의 경우 사용인은 고용주보다 약한 입장이다. 그러나 어떨 때는 고용주에 반항하여, 심지어는 살인에 이르는 하는 경우도 있었다.

## ● 사용인의 반격

1840년 윌리엄 러셀 경이 **하인**Valet인 쿠르보아제에게 살해를 당한 때부터 사용인과 고용주 사이에 일종의 긴장감이 발생하게 되었다. 거기에는 몇 가지 이유가 있지만 가장 큰 이유가 범행 동기일 것이다. 그를 그렇게까지 몰고 간 것은 평상시부터 있었던 러셀 경의 질책과 그를 해고한다는 통보였다. 흔한 일상적인 일이 불씨가 되어 일어난 흉악 범죄는 당시 **상류 계층** 사람들에게 큰 충격을 안겨 주었다. 이렇게 그들은 있지도 않은 사용인의 반격에 떨면서 잠들게 되었다.

## ● 케이트 웹스터 사건

케이트 웹스터Kate Webster는 아일랜드 출신으로 여관 도둑질 등 전과가 있는 아이가 한 명 딸린 엄마였다. 아무리 생각해도 이상적이라고 할 수 없었지만 어떤 방법을 썼는지 리치몬드에 사는 줄리아 토마스 부인의 사용인이 되었다. 여기서 성실하게 일을 했더라면 문제는 없었을 것이다. 그러나

그녀는 일도 제대로 하지 않을 뿐더러 일요일 저녁에 만취해서 귀가 시간을 어겼다. 참지 못한 토마스 부인은 해고 통지를 했지만 케이트는 부인 집에 눌러 앉아 오히려 부인을 살해해 버렸다. 케이트는 증거를 숨기기 위해서 부인을 토막 낸 다음 솥에서 끓였다. 소문에 따르면 그 국물을 근처에 팔려고 했으며, 작업 도중에 퍼브에서 술까지 마셨다고 한다. 그 후 케이트가 토마스 부인인 척 하면서 가구를 팔려고 했기 때문에 사건이 발각되었다. 그 때에는 이미 그녀는 아일랜드로도 도망가 버리고 말았지만 나중에 잡혀와서 사형을 당했다.

또한 마담 터소 밀랍 인형관Madame Tussaud Scenerama의 공포의 방에도 그녀의 밀랍 인형이 남아 있을 정도로 지금도 영국 사람들을 공포에 떨게 만들고 있다고 한다.

## 사용인이 고용주를 살해하는 주요 이유

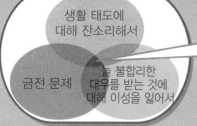

생활 태도에
대해 잔소리해서

금전 문제

늘 불합리한
대우를 받는 것에
대해 이성을 잃어서

대부분의 살인 사건은 이 세 가지 조건을 다 갖춘 경우에 일어난다. 발작적인 범행의 경우에도 「어차피 범죄자가 될 바에야」라고 하며 도둑질을 하는 경우도 많다. 또한 살인범의 대부분이 외국인 사용인이었다는 점도 흥미롭다.

## 사용인에 의한 주요 살인사건

| 년도 | 범 인 | 내 용 |
|---|---|---|
| 1840년 | 프란시스 쿠르보아제 | 고용주인 윌리엄 러셀 경을 살해. 범행을 강도가 한 것으로 위장하기 위해서 금품을 훔쳤다. |
| 1871년 | 마리아 마닝 | 안주인인 서덜랜드 공작 부인을 살해. 쿠르보아제와 마찬가지로 고용주가 상류 계층이었기 때문에 사회 문제로 대두되었다. |
| | 세라 토마스 | 안주인인 엘리자베스 제프리즈를 돌로 때려 죽임 |
| 1871년 | 바바라 샘플 | 안주인인 엘리자베스 매슈슨을 불쏘시개로 살해. 돈 문제 등으로 안주인과 둘이서 자살할 생각이었다고 자백. 체포 후 독극물로 자살. |
| 1872년 | 마거리트 딜런 | 안주인 마담 릴을 교살. 저택에서 도망 비용을 훔쳐 프랑스로 도망 |
| 1879년 | 엘리자베스 로즈 | 안주인 캐서린 베이컨을 도끼로 살해. 가공의 쓰레기 수집인을 만들어내서 죄를 피하려고 했다. |
| | 케이트 웹스터 | 안주인인 줄리아 토마스를 살해. 사체를 토막 내서 처분하고 안주인처럼 행사하며 유산을 빼앗아 아일랜드로 도망. 사건의 잔혹함으로 사회 문제로 대두되었다. |

관련항목
●사용인과 고용주의 관계→No.036　　　●퍼브→No.093
●하인→No.060

# 메이드와 범죄 3

엄격한 직장 환경에서 성실하게 일하는 사용인들. 그러나 어떨 때는 악의 길로 빠지는 경우도 있었다

## ● 사용인이 범죄자로 바뀔 때

빅토리아 왕조의 영국에서는 사용인이 경범죄, 즉 절도와 횡령 등 인명에 직결되는 정도에는 미치지 못하는 비교적 사소한 범죄에 얽혀있는 경우는 흔히 있는 일이라고 인식되었다. 당시 기록에는 그런 범죄에 물든 사용인에 대해서 기술이 되어 있는 경우가 꽤 있다. 실제로 죄를 저지른 사람은 사용인 중에서도 극히 소수이지만 그 인상은 고용주들의 마음에 강하게 남았다. 그래서 일부 유식자 중에서는 「현직과 실업 중인 사용인의 약 60%는 그 인간 됨됨이와 현재의 행동이 밝혀지면 분명 범죄자 계층에 속할 것이다」라고 엄격하게 평가를 했지만 일률적으로 틀렸다고는 말하기 어렵다. 왜냐하면 범죄자의 갱생을 촉진하기 위해서 사용인의 자리가 주선되는 경우도 많았기 때문이다.

이러한 범죄는 대부분의 경우 사용인의 부수입과 업무의 내용과 직결한다. **집사**<sup>Butler</sup>라면 자신이 관리한 와인을 횡령하고 **요리사**<sup>Cook</sup>는 부수입으로 식재료 부산물 중에 도난품을 섞기도 했다. **종복**<sup>Footman</sup>이나 **하인**<sup>Valet</sup>, **시녀**<sup>Lady's maid</sup>는 고용주의 옷장에서 귀중품을 훔치기도 했다. **마부**<sup>Coachman</sup>는 멋대로 고용주의 마차를 사용해서 사고를 일으키기도 한다. 심한 경우는 강도단과 관계가 있어 스파이 노릇을 위해서 교묘하게 저택으로 들어온 여성 사용인도 있었던 듯 하다. 게다가 이러한 범죄의 배경에는 쉽게 도난품을 팔 수 있는 환경이 있었다는 사실이다. 폐품회수업자나 「폐병」을 취급하는 가게 주인들은 팔러 온 물건이 좀 수상해도 별로 신경 쓰지 않고 사 주었다. 안주인에게 부탁 받았다고 하며 대량으로 물건을 팔러 오는 여성 사용인을 붙잡아 물건의 출처를 캐물어 봤자 그들에게는 조금의 이득도 없었기 때문이다

## 사용인에 의한 주요 경범죄

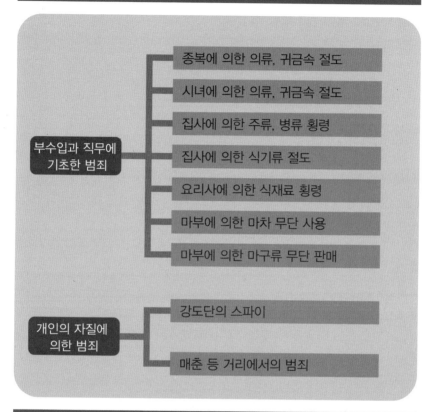

부수입과 직무에 기초한 범죄
- 종복에 의한 의류, 귀금속 절도
- 시녀에 의한 의류, 귀금속 절도
- 집사에 의한 주류, 병류 횡령
- 집사에 의한 식기류 절도
- 요리사에 의한 식재료 횡령
- 마부에 의한 마차 무단 사용
- 마부에 의한 마구류 무단 판매

개인의 자질에 의한 범죄
- 강도단의 스파이
- 매춘 등 거리에서의 범죄

## 사용인 범죄에 대한 이미지와 실정

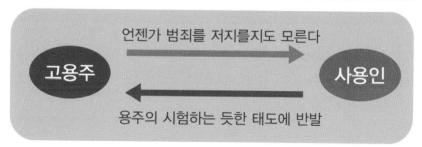

언젠가 범죄를 저지를지도 모른다

고용주 → 사용인

용주의 시험하는 듯한 태도에 반발

# 메이드와 범죄 4

사용인에 의한 범죄는 비교적 많이 보고되고 있다. 그러나 어떨 때는 본인의 자각이 없는 상태에서 큰 사건으로 발전해 버리는 경우도 있었다.

## ● 사용인들과 질병의 관계

사용인은 그 열악한 생활 환경 때문에 병이 자주 생겼다. 그래서 고용자의 가족 중에 환자가 생기면 제일 먼저 사용인으로부터의 감염을 의심했다고 한다. 하지만 이것은 말할 필요도 없이 부당한 차별이라고 할 수 있다. 그러나 실제로 사용인을 매개로 병이 만연하고 큰 사건으로 발전하기도 했다.

## ● 장티푸스 메리

사건의 발단이 된 메리 마론Marry Mallon이라는 여성은 1840년대 대기근의 영향을 받아 1883년에 14살이라는 어린 나이에 단신으로 미국으로 이주한 아일랜드계 미국인이다. 잠시 뉴욕 주변에서 사용인으로서 일했지만 요리에 재능이 있어서 1900년경까지는 훌륭한 **요리사**Cook로 성장했다. 성격도 좋고 **인물증명서**는 아주 훌륭했다. 그런데 그녀가 일하는 직장에는 어째선지 장티푸스가 발생했다. 1907년 뉴욕시 위생국의 조사에 따르면 그녀가 감염원이라고 특정 지어졌을 때는 난투극을 벌이고 도망가 버렸다고 한다. 자신은 건강한데 감염원이 된 사실을 납득할 수 없었기 때문이다. 결국 3년간 격리된 후, 이후 식품 관련 일을 하지 않겠다는 조건으로 사회에 복귀하지만 세탁부의 임금은 이전에 비해 훨씬 적었다. 이 갑작스런 불운을 부당한 차별이라고 느낀 그녀는 이름을 바꾸어 뉴욕의 산부인과에서 다시 요리사로 일했다. 그러나 1915년 다시 장티푸스가 발생하면서 완전 격리된 채 그 생애를 마치게 되었다. 현재까지도 이 강렬한 사건의 연계성 때문에 일종의 악인 취급을 받지만 실은 그녀도 불행한 피해자였을 뿐인지도 모른다.

## 메리 마론의 생애(1869~1938)

| | |
|---|---|
| 1869년 | 아일랜드 쿡스톤 출생 |
| 1883년 | 14살에 단신으로 미국으로 이주, 사용인이 된다. |
| 1900년 ~ 1906년 | 요리사로서 좋은 평가를 받는다. 그러나 직장에는 장티푸스 환자가 속출. 다른 사용인이 감염원으로 의심받는 일도 있었다. |
| 1907년 | 뉴욕시 위생국은 그녀가 일련의 장티푸스 사건의 원인으로 특정. 심하게 저항하는 그녀를 강제로 구속. 노스 브라더 섬의 격리 시설로. |
| 1909년 | 메리, 뉴욕시 위생국을 고소. 신문 『The New York American』가 사건을 대대적으로 보도 |
| 1910년 | 이후 식품 관련 일을 하지 않는다는 조건으로 사회 복귀가 허용된다. 얼마 동안 시 위생국과의 약속을 지켰지만 연락이 끊겨 행방이 묘연해진다. |
| 1915년 | 뉴욕의 산부인과에서 장티푸스가 만연. 이름을 바꾸고 요리사로 일하고 있던 메리가 감염원으로 특정된다. 다시 노스 브라더 섬의 격리 시설로 |
| 1932년 | 심장 발작으로 전신 마비 증세. |
| 1938년 | 사망 |

신문 『The New York American』에 1909년 6월 20일부에 게재된 것.

---

관련항목

# 『하인들에게 주는 지침』

## Directions to Servants

당시 사용인들을 둘러싼 환경, 그리고 그들에 대한 고용주의 감정은 당시 문헌과 자료에 여러 가지 형태로 남아 있었다.

## ● 빈정거림과 유머로 가득 찬 사용인에 대한 충고

18세기 사용인의 일에 대해 알기 위해서 중요한 자료 중 하나인 『하인들에게 주는 지침』은 『걸리버 여행기』의 저자인 조너선 스위프트Jonathan Swift가 죽은 후에 출판된 유고 중 하나다. 가공의 종복Footman이 세상의 사용인 동료들에 대한 충고를 적고 있는 형식을 취한 이 책은, 통렬한 풍자로 유명한 스위프트의 작품인 만큼 빈정거림과 유머로 넘쳐 흐르고 있다. 원래 사용인들의 지표가 되기 위한 성실한 책으로 쓰기 시작했다지만 사용인들의 악습을 내부에서 폭로한 쪽이 재미있기 때문에 현재와 같은 형태로 된 듯 하다. 그 중에서도 강렬한 인상을 주는 것으로 두, 세 가지를 인용해 보자.

「고기 접시를 가지고 가는 도중, 식당으로 들어가기 전에 접시가 손에서 미끄러져 고기는 바닥에 떨어지고 소스를 흘렸다면 고기를 살짝 집어 웃옷 소매로 닦고 원래 접시에 올려서 서빙한다.」 (제3장 종복)

「부인이 버린 속옷을 받아서 입는다. 영광이고 절약도 되고 어디 곤란한 것이 하나도 없다.」 (제8장 시녀Lady's maid)

「아기를 떨어뜨려 다리를 다쳤더라도 말해서는 안 된다. 아기가 죽으면 만사형통이다.」 (제13장 유모Nanny)

이렇게 『하인들에게 주는 지침』에 기술된 사용인에 대한 충고는 상당히 악질적인 내용이 대부분이다. 그러나 당시의 사용인에 대한 불만을 보면 특별히 과장된 말이라고는 할 수 없는 것이 있다. 적어도 고용주 측에서 보면 사용인은 정직하지 않고 교활하고 부주의한 존재였다. 그렇다고는 해도 성실하게 일하고 있는 사용인들 입장에서 보면 이런 편견은 불쾌하기 그지 없는 것이다. 어쩌면 스위프트는 그런 고용주들의 편견과 사용인들의 불만도 포함해서 『하인들에게 주는 지침』을 쓴 것일지도 모른다.

## 조너선 스위프트(1667~1745)

『걸리버 여행기』의 저자로서 유명하다. 정치, 종교에 관한 팸플릿을 많이 쓰고 그 문장의 날카로움 때문에 정계에서는 두려움의 존재였다. 1714년 사이가 좋던 토리당 정부의 와해와 함께 더블린의 성 패트릭 중앙사원에 학장으로서 은둔. 그 후 아일랜드의 어려운 상황을 보고 영국 정부를 비난하는 운동을 전개. 일약 아일랜드의 국민적 영웅이 된다. 『하인들에게 주는 지침』은 그의 말년의 작품으로 그의 죽음과 함께 미완성으로 끝났다.

## 하인들에게 주는 지침(Directions to Servants)

| 하인 일반에 관한 총칙 |
| --- |
| 세칙편 |
| 제1장    집사(Butler) |
| 제2장    요리사(Cook) |
| 제3장    종복 |
| 제4장    마부 |
| 제5장    말구종 |
| 제6장    가옥 및 토지 관리인 |
| 제7장    문지기 |
| 제8장    시녀 |
| 제9장    몸종 |
| 제10장   하녀 |
| 제11장   우유 짜는 하녀 |
| 제12장   보모 |
| 제13장   유모 |
| 제14장   세탁 담당 하녀 |
| 제15장   하녀장 |
| 제16장   가정교사 |

내용은 전편에 걸쳐서 어떻게 고용주의 눈을 속이는가, 어떻게 일을 대충하는가, 얼마나 부수입을 버는가 등 과장한 것도 많지만 당시 사용인 사정을 알 수 있는 귀중한 자료 중 하나라고 할 수 있다. 또한 미완성이므로 제6장과 7장, 11장 이후는 메모 정도의 내용밖에 없다.

# 『비튼 부인의 가정서』

Mrs. Beeton's Book of Household Management

빅토리아 왕조의 사용인을 알기 위해서 꼭 읽어야 할 책. 도대체 어떤 책일까?

## ● 영국 부인에게는 가정의 성서

　잡지 『영국 부인의 가정 잡지』에서의 이자벨라 비튼<sup>Isabella Mary Beeton</sup>의 연재를 정리한 『**비튼 부인의 가정서**』는 1861년에 발행된 이후 많은 영국인들이 애독한 책이다. 현재의 시각으로 보면 상당히 딱딱한 내용이라는 생각이 들지도 모르지만 최신 식품, 외국의 레시피, 유행을 도입한 매너, 그리고 무엇보다도 **중류 계층**의 부인을 대상으로 하는 등 당시로서는 획기적인 내용이었다고 한다. 그 판매가 호조라서 『비튼 부인의 가정서』의 이름은 상당히 강력한 간판이 되었다. 그래서 그 상표권은 그녀가 죽은 후 워드&록 사에 팔리고 이 회사는 막대한 이익을 얻었다.

　『비튼 부인의 가정서』의 구성은 안주인으로서의 마음가짐에서부터 가정부<sup>Housekeeper</sup>에 대해서, 식재료별 설명과 레시피, 주방의 배치와 경제, 사용인에 대해서, 아이의 관리와 병에 대해서, 가정 의학, 법률 등 다방면에 걸친 것이다. 사용인에 대한 항목은 직종별 업무 방법과 그 때 사용하면 편리한 약품 레시피, 일을 할 때의 주의점 등 19세기의 사용인에 대해서 알려고 할 때에는 상당히 유용한 내용이 많이 적혀 있었다.

　그러나 당시로서는 획기적인 내용이었던 이 책도 시대가 흐르면서 평가는 떨어진다. 1950년대부터 일시적으로 코미디의 소재가 될 정도로 이미지가 추락했을 정도였다. 그러나 1970년대에 들어서면서 그 가치를 재확인 받아 현재에는 영국에서 가장 인기 있는 요리책으로서 친숙해졌다. 참고로 『비튼 부인의 가정서』는 일본에서도 1876년에 『아내의 마음가짐 : 일명보가법<sup>―名保家法</sup> 및 부록』이라는 제목으로 번역되었지만 당시 사람들에게서 별 인기를 못 끌었다.

## 이자벨라 비튼의 생애(1836~1865)

| | |
|---|---|
| 1836년 | 무역상 벤자민 메이슨의 딸로 태어남 |
| 1841년 | 아버지 벤자민 사망 |
| 1843년 | 어머니 엘리자베스, 4명의 아이들을 데리고 재혼 |
| 1844년 | 하이델베르그로 유학. 형제는 할머니가 키움 |
| 1856년 | 젊은 출판사 사장 사무엘 비튼과 결혼 |
| 1857년 | 남편의 잡지 『영국 부인의 가정잡지』에 기고 시작. 장남 탄생. 그러나 3개월 만에 사망 |
| 1859년 | 『비튼 부인의 가정서』 월간 연재 개시. 차남 사무엘 탄생 |
| 1861년 | 『비튼 부인의 가정서』 출판 |
| 1862년 | 차남 사무엘 사망 |
| 1863년 | 삼남 오처드 탄생 |
| 1865년 | 사남 메이슨 출산 후 산욕열로 사망 |

젊은 나이에 죽었지만 재능이 많은 사람으로 『영국 부인의 가정 잡지』에는 요리 레시피, 패션, 여행 일기 등 다방면에 걸쳐 기사를 기고했다. 또한 일류 피아니스트였다.

## 비튼 부인의 가정서

1861년에 출판. 비튼 부인 사후, 상표권은 워드&록 사에 팔리고 이 회사는 막대한 이익을 얻었다.

| | |
|---|---|
| 제1장 | 안주인 |
| 제2장 | 가정부 |
| 제3장 | 주방의 배치와 경제 |
| 제4장 | 조리법 소개 |
| 제5장 | 각 요리와 레시피 |
| ~제39장 | |
| 제40장 | 만찬과 식당 |
| 제41장 | 사용인에 대해서 |
| 제42장 | 아이의 교육과 가정교육, 유아기와 유년기의 병 |
| 제43장 | 의사에 대해서 |
| 제44장 | 법률의 각서 |

# 사진과 사용인

많은 자료에서 인용되고 있는 사용인들의 사진. 이것은 어떤 경위로 촬영된 것일까?

## ● 사진에 남아 있는 사용인들

빅토리아 왕조의 사용인들이 어떤 모습을 하고 있었는지를 전달해주는 귀중한 자료 중 하나로 그들의 모습을 촬영한 사진이 있다. 큰 컨트리 하우스 앞의 정원에 많은 사용인들이 함께 모여 있는 장면, 여성 사용인 한 명을 중심으로 한 것까지 실로 다양하며 당시 사람들의 숨소리까지 생생하게 들려주는 것도 많다. 1860년대의 영국은 프랑스에서 발명된 명함판 사진이라 불리는 값싼 사진 촬영법이 들어와 사진 붐이 시작되었다. 명함판 사진의 붐 자체는 유명인과 가족, 친구 등의 초상 사진을 수집하는 취향에서 시작되었지만 폭발적인 유행을 타더니 런던 시내에 많은 사진 스튜디오가 생겨났다고 한다. 이런 사진은 서민에게 친근한 것이 되었으며 여러 사람들을 찍은 사진은 세상에 남게 되었다.

그러면 현재 남아 있는 사용인의 사진은 도대체 어떤 경위로 촬영된 것일까? 사용인 본인이 돈을 내서 사진을 찍는 경우는 대체로 시골의 가족에게 자신의 근황을 알리고 싶을 때였다. 반대로 고용주가 사용인을 촬영하는 경우에는 자신이 사용인 고용 계층이라는 사실을 나타내기 위한 것으로 일종의 사회적 지위 때문이었던 듯 하다. 또 아서 먼비처럼 **노동자 계층**의 여성을 좋아하는 취향 때문에 사진 촬영을 하는 사람도 있고 그냥 기념 촬영으로 사진을 찍는 사람들도 있었다. 그러나 당시 서민에게까지 유행했다고는 하지만 촬영료는 아주 비쌌다. 사용인을 촬영하려고 해도 촬영료를 낼 수 없는 고용주도 있을 정도였다고 한다. 그래서 어떤 고용주 밑에서 일하던 사용인 한 명은 사진 촬영을 위해서 보모 <sub>Nurse maid</sub>로 변장해서 안주인이 아이들과 그 주변에 있는 보모들을 촬영하려고 하는 곳에 섞여 들어가 사진을 찍었다고 한다

## 사진의 대중화

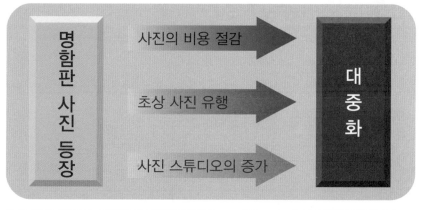

## 사용인이 사진을 찍은 이유

### 사용인이 찍은 사진

고향의 가족에게 근황을 알린다.

촬영료는 서민에게는 고가로
동료와 비용을 나누어 내는 경우도.

### 고용주가 찍은 사진

자신이 사용인 고용 계층인 것을 나타냄
사용인 수를 자랑함
단순한 기념 촬영
가족을 촬영할 때 우연히 찍은 경우

관련항목
●노동자 계층→No.016
●시골 저택→No.017
●보모→No.049

●유명한 메이드→No.108

# 인물증명서(소개장)

빅토리아 왕조 시대부터 현재까지 사용인이 되기 위해서 필수라고 하는 인물증명서다. 그러면 인물증명서란 어떤 것인가?

## ● 사용인의 명운을 쥐고 있는 서류

사용인을 고용할 때에 가장 중요하게 여겨지고 있던 **인물증명서**(소개장)은 사용인의 이전 경력과 어떤 인물인지를 기록한 일종의 이력서 같은 것이다. 보통 직장을 그만 둘 때 고용주가 사용인에게 써 주는 것으로 그 내용에 관해서는 고용주 마음대로 쓸 수 있었다.

인물증명서의 유무나 내용의 좋고 나쁨은 사용인의 취직에 큰 영향력을 가지고 있었다고 한다. 영국에서는 지금도 인물증명서를 중요시 하고 있으며 외국인 여성이 **가정부**Housekeeper가 되었을 때는 전 직장에 인물증명서를 받으러 가야만 했다. 좋은 인물증명서를 얻을 수 없는 경우, 인물증명서 자체가 없는 경우, 사용인은 대접이 좋지 못한 직장에 취직할 각오를 해야 했다. 그래서 고용주가 사용인에 대한 괴롭힘과 협박을 위해 인물증명서를 방패로 삼는 경우도 많았다. 너무나 영향력이 커서 비튼 부인 등은 인물증명서를 가능한 공정하게 쓰도록 권할 정도였다. 반대로 좋은 인물증명서가 있으면 그만큼 좋은 직장을 얻을 수 있었다. 고용주가 친절한 경우에는 사용인의 전직도 유리했으며 좋은 인물증명서를 써 주는 경우가 많아 픽션, 논픽션에 상관없이 훌륭한 인물증명서로 도움을 받은 사용인이 적지 않았다고 한다. 그렇게 양심적인 예와는 반대로 좋은 인물증명서를 믿고 고용한 고용주가 고생을 많이 하거나 반대로 엉망진창인 내용의 인물증명서를 받은 사용인이 소송을 제기하는 경우도 적지 않았다. 한편 1792년에 인물증명서의 위조는 법률로 금지되어 있었지만 실제로는 그 정도로 엄밀하게 지켜지지 않았다.

또한 인물증명서가 없는 경우에는 친절한 동네 사람이 고용해주어 소개장을 써 주는 샛길도 있었다고 한다.

## 인물증명서를 둘러싼 사정

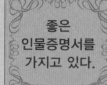 좋은 인물증명서를 가지고 있다.

좋은 직장, 더 높은 지위에서의 채용 등 신분 상승이 가능하다!

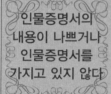 인물증명서의 내용이 나쁘거나 인물증명서를 가지고 있지 않다.

이전보다도 나쁜 직장, 낮은 지위에 채용. 최악의 경우 면접 후에 채용되지 않는 일도.

### 사용인의 인물증명에 관한 법률(1792)

- 사용인의 인물상, 고용 기간, 직무 경험 등을 위조해 인물증명서를 쓴 것에는 10실링의 소송 비용에 20파운드의 벌금.
- 가짜 인물증명서를 제시한 사용인에게도 마찬가지로 벌금, 지불 못 할 경우에는 최고 3개월의 징역

### 인물증명서를 위조하는 주요 이유

- 퇴직할 사용인의 장래를 생각해 좋은 내용의 인물증명서를 쓴다.
- 퇴직하는 사용인에 대한 괴롭힘으로 나쁜 내용의 인물증명서를 쓴다.
- 골치 아픈 사용인을 하루라도 빨리 내쫓고 싶어서 좋은 내용의 인물증명서를 쓴다.

관련항목
- 사용인의 고용 방법→No.038
- 일할 곳의 결정과 변경→No.079
- 『비튼 부인의 가정서』→No.105

# 유명한 메이드

메이드에 대해서 쓴 자료에 반드시라고 해도 좋을 정도로 이름이 자주 보이는 여성, 해나 컬위크. 그녀는 어떤 사람이었을까?

## ● 세계에서 가장 유명한 잡일 담당 하녀

18세기에서 19세기에 걸쳐 사용인들 중에서 가장 유명한 **잡일 담당 하녀**[Maid of all works], 해나 칼위크[Hannah Cullwick]. 그녀가 쓴 일기에는 당시 사용인의 생활과 업무, 인간 관계가 극명하게 기록되어 있으며 사용인을 다룬 많은 자료에 인용되고 있다. 그런 그녀의 생애는 일반적인 사용인과 비교해 상당히 파란만장했다.

해나 칼위크는 1833년 슈롭셔 주에서 마구馬具 장인의 딸로 태어났다. 상당히 똑똑한 여성답게 시나플 자선학교에서 5살에서 8살 사이만 공교육을 받았는데도 불구하고 영문학, 생물학, 프랑스어까지 가능할 정도로 폭넓은 지식을 익히고 있었다. 그녀가 어머니가 아는 집에서 사용인으로서 일을 시작했는데 그 때가 1841년, 8살이 되던 무렵이었다. 당시 보통 12살 때 사용인으로 처음 일을 나간 걸 생각하면 상당히 빨랐다고 할 수 있다.

해나가 그 후 그녀의 인생을 결정짓는 남성, 아서 조셉 먼비[Arthur Joseph Munby]와 만난 것은 1854년이었다. 그들은 그 후 20년 정도 사귀다가 1873년에 결혼했다. 그러나 결혼 자체가 비밀 결혼이었기 때문에 주위에는 고용주와 사용인 사이로밖에 생각되지 않았다고 한다. 해나와 먼비의 관계는 일종의 도착적인 것이라고도 한다. 먼비는 노동자 여성에 대해서 당시로서는 이상하다고 할 정도로 관심을 보이는 남성이었다. 또한 복장 도착 성향도 있어서 해나에게 반라에 가까운 굴뚝 청소 복장이나 귀부인의 복장을 입혀서 사진을 찍었다. 그럼에도 불구하고 해나는 먼비에게 복종하며 그를 위해서 일하는 것을 기뻐했다고 한다. 머리가 좋고 체력도 있고 애정도 깊은 여성이었지만 자신을 비하하는 경향이 강한 여성이기도 했다.

## 해나 칼위크와 아서 먼비

### 해나 칼위크(1833~1909)

1841년에 어머니가 아는 집에서 하녀로 일을 시작한다. 1854년에 그 후 그녀의 인생을 결정짓는 남성인 아서 먼비와 만난다. 이후 그 관계는 20년 가까이 지속되며 그녀는 먼비의 곁에 있기 위해서 직장을 계속 바꾸었다. 1873년 먼비와 비밀리에 결혼하지만 행복한 결혼 생활이라고는 말하기는 힘들었다.

### 아서 조셉 먼비(1828~1910)

법무관의 아들로 출생. 법정 변호사, 시인으로서 이름을 남긴 인물로 노동자 문제에 관심이 많았다고 한다. 그러나 실제로는 노동자 계층에 속하는 여성에게만 관심이 있었던 듯 하다. 그가 남긴 일기와 사진이 발견되어서 잡일 담당 하녀 해나 칼위크라는 여성이 세상에 알려지게 되었다.

## 해나와 먼비의 관계

해나

해나의 외모, 내면의 차이에 매료되었다. 해나를 이상적인 여성으로 키우고 싶다.

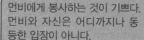

도착적인 관계가 내재

먼비에게 봉사하는 것이 기쁘다. 먼비와 자신은 어디까지나 동등한 입장이 아니다.

먼비

관련항목
●사용인의 결혼과 연애→No.081          ●잡일 담당 하녀→No.051

# 현대의 사용인들

옛 시대의 유물로서 동경의 대상이 되고 있는 메이드. 그러나 가사 사용인 자체는 현재에도 계속 존재하고 있다.

## ● 현대의 사용인에 대해서

19세기에서 20세기에 걸쳐서 시대의 흐름 속에서 사용인이라는 직업은 확실히 그 수가 줄고 있다. 그러나 사용인이 줄어들었다고는 하지만 완전히 사라진 것은 아니다 예전과는 모습이 많이 바뀌었다고는 하지만 가정부들도 훌륭한 가사 사용인이며 지금도 이들에게 도움을 받고 있는 사람들이 적지 않다.

한편 사용인의 본고장이라고 할 수 있는 영국에서는 요즘도 청소부나 **정원사**<sup>Gardener</sup>, 어학 연수를 위해서 입주 가사 도우미를 하는 오페어<sup>Au Pair</sup>라고 불리는 여성들이 **중류 계층** 사람들에게 고용되었다. **유모**<sup>Nanny</sup>도 아직 현역 직업으로 입주 유모는 급여도 꽤 높다고 한다. 또한 유럽 여러 나라의 상류 계층과 영화 배우 등 이른바 셀리브리티라고 불리는 사람들도 **집사**<sup>Butler</sup>와 **가정부**<sup>Housekeeper</sup>, 그 외 메이드를 고용하고 있는 경우가 많다. 그들이 고용주와 싸우는 건 예나 지금이나 마찬가지고 가끔 뉴스로 보도되는 것을 볼 수 있다. 특히 유명인의 사생활이 사람들의 주목을 받는 요즘, 그들의 생활에 밀착해 있는 사용인은 유용한 정보원이 된다. 영국의 고 다이아나 황태자비의 집사 등은 그녀의 사생활을 팔아서 상당한 돈을 벌었다.

아시아의 여러 나라들과 아프리카에서도 메이드를 고용하는 가정이 적지 않다. 홍콩에서 메이드를 고용한 경험을 가진 여성은 가사를 사용인에게 맡기는 것으로 자신의 시간을 가지게 된다는 신선한 경험에 놀랐다고 한다. 또한 중국에서도 부모 곁을 벗어난 부유 계층의 젊은이가 자신을 돌봐줄 메이드를 고용하는 것이 유행하고 있다고 한다. 하지만 이러한 사용인들은 노동 임금이 싼 지역이나 나라에서 돈을 벌러 온 노동자가 대부분이라고 한다. 반 정도는 강제적으로 노동을 하게 되는 아이들도 많고 열악한 노동 환경 때문에 국제적으로 문제가 되기도 한다.

## 현대의 사용인들

### 프로

| 집사 | 유모 | 가정부 |
|---|---|---|
| 정원사 | 기타 | |

집사와 유모, 정원사 등의 직업은 서구 여러 나라에서는 아직까지 사라지지 않았다. 집사, 유모에 관해서는 전문 직업 훈련 학교도 존재한다. 전문가이므로 대우도 좋다.

### 가사 도우미

오페어
(어학연수 등을 목적으로 한 입주 도우미)

유학생이 대부분. 주거와 식사를 제공하지만 싼 임금으로 부려먹히는 경우가 많다. 또 여성의 경우 고용주가 육체 관계를 강요하기도 해서 위험한 면도 있다.

### 돈을 벌러 온 노동자

| 메이드 | 기타 |
|---|---|

노동 임금이 싼 지역이나 나라에서 돈을 벌러 온 노동자. 대부분의 경우 급여도 싸고 노동 환경도 가혹하다. 나이도 어린 아이가 반강제적으로 일을 하고 있는 경우도 있어서 세계적으로 문제가 되고 있다.

## 사용인을 고용하는 계층

| 일부 부유층 | ➡ | 집사 | 가정부 |
|---|---|---|---|
| | | 기타, 입주 사용인 등 | |

| 중류 가정 | ➡ | 유모 | 오페어 |
|---|---|---|---|
| | | 기타, 일용직 청소부 등 | |

관련항목
● 가정부→No.041
● 집사→No.059
● 일본의 사용인→No.099

# 색인

# 참고문헌

『19세기 런던은 어떤 냄새가 났을까(19世紀のロンドンはどんな匂いがしたのだろう)』 다니엘 풀 저/카타오카 마코토/青土社

『19세기 삽화가 들어간 신문이 전달하는 빅토리아 왕조의 진사건부 괴기사건에서 유령담까지(19世紀絵入り新聞が伝えるヴィクトリア朝珍事件簿―猟奇事件から幽霊譚まで)』 에너드 다우리스 편/지카와 카츠오 역/原書房

『Minerva서양사 라이브러리31 빅토리아 왕조 시대의 여성과 교육―사회계급과 젠더(ヴィクトリア時代の女性と教育―社会階級とジェンダ)』 준 파비스 저/카나와 세츠코 역/ミネルヴァ書房

『펀치 소묘집(パンチ素描集―19世紀のロンドン)』 마츠무라 마나이에 저/岩波書店

『〈의상〉으로 읽는 영국 소설―복장의 변용―("衣裳"で読むイギリス小説―装いの変容)』 히사모리 카즈코, 보타 노리코/ミネルヴァ書房

『〈하녀〉이미지의 가정문화사("女中"イメージの家庭文化史)』 시미즈 미치코 저/世界思想社

『또 하나의 빅토리아 왕조 성과 향락의 영국뒷면사(もう一つのヴィクトリア時代―性と享楽の英国裏面史)』 스티븐 마커스 저/카네즈카 사타부미 역/中央公論社

『아시아의 바다의 대영제국 19세기의 해양지배의 구도(アジアの海の大英帝国―19世紀海洋支配の構図)』 요코이 카츠히코 저/講談社

『영국의 어떤 하녀의 생애(イギリスのある女中の生涯)』 실비아 마로우 저/토쿠오카 타카오 역/草思社

『영국 귀족(イギリス貴族)』 코바야시 아키오 저/講談社

『영국 근대 경찰의 탄생 빅토리아 왕조 보비의 사회사(イギリス近代警察の誕生―ヴィクトリア朝ボビーの社会史)』 모리모토 토시코 저/昭和堂

『영국인은 이상해 일본인 가정부가 본 계급사회의 진짜모습(イギリス人はおかしい―日本人ハウスキーパーが見た階級社会の素顔)』 타카오 케이코 저/文藝春秋

『영국 문화로의 초대(イギリス文化への招待)』 네가오 유우지, 하시모토 히사에 저/北星堂書店

『옥스포드 현대 영영사전 제5판(オックスフォード現代英英辞典 第7版)』 A.S. Hornby 편/옥스포드 대학 출판국

『여성가정교사―빅토리아 왕조 시대의「남아 도는」여자(ガヴァネス(女家庭教師)―ヴィクトリア時代の「余った女」たち)』 카와모토 시즈코 저/中央公論社

『크라델서11 빅토리아 왕조의 배색연구(ヴィクトリア朝の緋色の研究)』 R.D 올딕 저/무라타 야스코 역/国書刊行会

『독일 농노의 사회사 근대 가족의 성립(ドイツ奉公人の社会史―近代家族の成立)』 와카오 유우지 저/ミネルヴァ書房

『유럽 컬처 가이드1 영국 거리, 사람, 생활의 체감 월드(イギリス―街・ひと・暮らしの体感ワールド)』 ECG편집실/トラベルジャーナル

『런던, 어떤 도시의 기억(ロンドン―ある都市の伝記)』 크리스토퍼 히버트 저/요코야마 토쿠지 편/朝日新聞社

『런던의 공포 잭 더 리퍼와 그 시대(ロンドンの恐怖―切り裂きジャックとその時代)』 닌카 노리오 저/早川書房

『빅토리안 서번트 계단 아래의 세계(ヴィクトリアン・サーヴァント―階下の世界)』 파멜라 혼 저/코야스 마사히로 역/英宝社

『빅토리아 시대 런던 뒷골목 생활지 하(ロンドン路地裏の生活誌―ヴィクトリア時代(下))』 헨리 메이휴 저/존 캐닝 편/우에마츠 야스오 역/原書房

『빅토리아 시대 런던 뒷골목 생활지 상(ロンドン路地裏の生活誌―ヴィクトリア時代(上))』 헨리 메이휴 저/존 캐닝 편/우에마츠 야스오 역/原書房

『빅토리아 시대의 런던(ヴィクトリア時代のロンドン)』 L.C.B 지만 저/모리모토 토키코, 미츠보시 켄조 역/創元社

『빅토리아 왕조의 하층 사회(ヴィクトリア朝の下層社会)』 케로우 체즈니 저/우에마츠 야스오, 나카소보 치카코 역/高科書店

『빅토리아 왕조의 성과 결혼(ヴィクトリア朝の性と結婚―性をめぐる26の神話)』 와타라이 코이치/中央公論社

『빅토리아 왕조의 만화경(ヴィクトリア朝万華鏡)』 타카하시 유코, 타카하시 타츠부미 저/新潮社

『엠마 빅토리안 가이드(エマヴィクトリアンガイド)』 모리 카오루, 무라카미 리코 저/エンターブレイン

『의학을 쌓은 사람들(하) 명의의 전기와 근대 의학의 역사(医学をきずいた人びと―名医の伝記と近代医学の歴史（下））』샤윈 B 누란드 저/소다 요시무네 역/河出書房新社

『영어 어원의 소묘(英語語源の素描)』와타베 쇼이치 저/大修館書店

『영국 컨트리하우스 이야기-화려한 영국귀족의 저택(英国カントリー・ハウス物語―華麗なイギリス貴族の館)』스기에 아츠히로 저/彩流社

『영국 정원 이야기-정원의 에콜로지(英国ガーデン物語―庭園のエコロジー)』아카가와 유타카 저/研究社出版

『영국 빅토리아 왕조의 주방(英国ヴィクトリア朝のキッチン)』 제니퍼 디위즈 저/ 시라이 요시아키 역/彩流社

『영국문화의 세기3 – 여왕 폐하의 시대(英国文化の世紀3-女王陛下の時代)』마츠무라 시게루, 카와모토 시즈코, 나가시마 신이치, 마츠오카 켄지 편/研究社出版

『영국류 입신양명과 교육(英国流立身出世と教育)』코이케 이쿠시 저/岩波書店

『속옷의 탄생 빅토리아 왕조의 사회사(下着の誕生―ヴィクトリア朝の社会史)』토야 리이나저/講談社

『가사대혁명-미국의 주택, 근린, 도시에서 페미니스트 디자인의 역사(家事大革命―アメリカの住宅、近隣、都市におけるフェミニスト・デザインの歴史)』돌로레스 하이텐 저/야구치 미치코, 후지와라 노리코 외 역/勁草書房

『개설 영국사 전통적 이해를 넘어서(概説イギリス史―伝統的理解をこえて)』아오야마 요시노부, 이마이 히로시 편/有斐閣

『간호각서(看護覚え書き―本当の看護とそうでない看護)』플로렌스 나이팅게일 저/日本看護協会出版会

『근대를 산 여자들-19세기 독일의 사회사를 읽는다-(近代を生きる女たち―十九世紀ドイツ社会史を読む)』카와고에 오사무, 히메오카 토시코, 와카하라 노리카즈, 하라다 카즈미 저/未来社

『산공박물관 시리즈 유럽의 전통공예와 인테리어 빅토리아 왕실 박물관(三共博物館シリーズ ヨーロッパの伝統工芸とインテリア ヴィクトリア王室博物館)』마에다 마사아키 편/講談社

『일과 나이에 집착하지 않는 영국의 풍부한 상식(仕事と年齢にとらわれないイギリスの豊かな常識)』이와가타 케이코 저/大和書房

『주거학 체계 026 영국 컨트리하우스(상)(英国のカントリー・ハウス（上）貴族の生活と建築の歴史)』마크 지아돌 저/모리 시즈코 휴즈 역/住まいの図書館出版局

『주거학 체계 027 영국 컨트리하우스(하)(英国のカントリー・ハウス（下）貴族の生活と建築の歴史)』마크 지아돌 저/모리 시즈코 휴즈 역/住まいの図書館出版局

『19세기 영국의 일상생활(十九世紀イギリスの日常生活)』크리스틴 휴즈 저/우에마츠 야스오 역/松柏社

『하인들의 대영제국(召使いたちの大英帝国)』코바야시 아키오 저/洋泉社

『직업별 파리 풍속(職業別 パリ風俗)』시카시마 시게루 저/白水社

『신판 세계각국역사11 영국사(イギリス史-世界各国史11)』카와키타 미노루 편/山川出版社

『도설 영국의 생활지 도구와 생활(図説 イギリスの生活誌―道具と暮らし)』존 세이모어 저/코이즈미 마사코 역/原書房

『도설 빅토리아 왕조 백과사전(図説 ヴィクトリア朝百貨事典)』야다 히로유키 저/河出書房新社

『도설 영국귀족의 저택 컨트리하우스의 모든 것(図説 英国貴族の城館―カントリー・ハウスのすべて)』글 타나카 료지/사진 마스다 아키히사 저/河出書房新社

『도설 빅토리아 시대 영국의 전원생활지(図説 ヴィクトリア時代 イギリスの田園生活誌)』데이비드 스덴 저/야마모리 요시로, 야마모리 키쿠코 역/東洋書林

『세계풍속사전1 의식주편 유럽(世界風俗じてん（1）衣食住の巻 ヨーロッパ)』이소미 타츠노리, 사키야마 나오루, 미야마에 아스코, 이케다 토시에, 사키야마 사요코, 후지카와 토오루 역/三省堂

『서양 코스튬 대백과(西洋コスチューム大全)』존 피콕 저/바벨 인터내셔널 역/グラフィック社

『서양 주거사 돌의 문화와 나무의 문화(西洋住居史―石の文化と木の文化)』고토 히사시 저/彰国社

『주방의 문화사(台所の文化史)』모리 해리슨 저 /코바야시 유코 역 /法政大学出版局

『대영제국 최고 전성기 영국의 사회사(大英帝国 最盛期イギリスの社会史)』나가시마 신이치 저/講談社

『대영제국의 아이들 청취에 의한 비행과 저항의 사회사(大英帝国の子どもたち―聞き取りによる非行と抵抗の社会史)』 스티븐 험프리즈 저/고코 아키라 감수/역 /柘植書房新社

『누가 바지를 입어야 하는가(誰がズボンをはくべきか)』마이클 하이리 저/칸보 노리에, 히사다 아야코 역/ユニテ

『하인들에게 주는 지침(奴婢訓)』조너선 스위프트 저/후카마치 코조 역/岩波書店

236

『우편의 문화사 영국을 중심으로(郵便の文化史—イギリスを中心として)』 호시나 사다오 저/みすず書房
『뒷골목의 대영제국 영국도시생활사(路地裏の大英帝国—イギリス都市生活史)』 가쿠야마 에이, 카와기타 미노리 편저/平凡社
『기괴현상 박물관-피노미나(怪奇現象博物館—フェノメナ)』 J. 미첼 R 리카드 저/무라타 카오루 역/北宋社
『콜린 윌슨의 범죄 컬렉션 상(コリン・ウィルソンの犯罪コレクション (上))』 콜린 윌슨 저/세키구치 아츠시/青土社
『콜린 윌슨의 범죄 컬렉션 하(コリン・ウィルソンの犯罪コレクション (下))』 콜린 윌슨 저/세키구치 아츠시/ 青土社
『Home ECONOMICA 10권 1호』『여성이 일하러 나선 시대(2)』 나가시마 신이치 저
『영미문화 27호』 『빅토리아 왕조 시대의 영국 여성에 의한 자선활동과 여성해방운동』 키우치 이즈미 저

『Mrs Beeton's book of Household Management (Oxford World's Classics)』
Isabella Beeton · Nicola Humble 저/Oxford Univ Pr(T)
『Costume of household servants, from middla ages to 1900』
Phillis Cunnington 저/A. and C. Black
『The Victorian Domestic Servant』 Trever May 저/Shire publications
『Women in uniform through the centuries』 Ewing Elizabeth 저/Batsford
『Love&Dirt : The Marrage of Arthur Munby and Hannah Cullwick』 Diane Atkinson 저/Palgrave Macmillan

『Home ECONOMICA 9권 6호』『빅토리아 왕조 사회의 중류 계층』 나가시마 신이치 저
『Home ECONOMICA 9권 7호』『여성이 일하러 나선 시대(1)』 나가시마 신이치 저
『Home ECONOMICA 10권 1호』『여성이 일하러 나선 시대(2)』 나가시마 신이치 저
『영미문화 27호』『빅토리아 왕조 시대의 영국 여성에 의한 자선활동과 여성해방운동』 키우치 이즈미 저

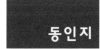

『maidservabtology Reference』 제복학부 메이드학과 출판국
『빅토리아 왕조의 생활~귀족과 사용인(1)~』 쿠가 마키 저
『빅토리아 왕조의 생활~귀족과 사용인(2)~』 쿠가 마키 저
『빅토리아 왕조의 생활~귀족과 사용인(3)~』 쿠가 마키 저
『빅토리아 왕조의 생활~사용인의 생활풍경~』 쿠가 마키 저

# AK Trivia Book No. 3

# 도해 메이드

개정판 1쇄 인쇄 2022년 1월 25일
개정판 1쇄 발행 2022년 1월 30일

저자 : 이케가미 료타
번역 : (주)코트랜스 인터내셔널

펴낸이 : 이동섭
편집 : 이민규, 탁승규
디자인 : 조세연, 김현승, 김형주
영업·마케팅 : 송정환, 조정훈
e-BOOK : 홍인표, 서찬웅, 최정수, 김은혜, 이홍비, 김영은
관리 : 이윤미

㈜에이케이커뮤니케이션즈
등록 1996년 7월 9일(제302-1996-00026호)
주소 : 04002 서울 마포구 동교로 17안길 28, 2층
TEL : 02-702-7963~5 FAX : 02-702-7988
http://www.amusementkorea.co.kr

ISBN 979-11-274-5052-6 03900

図解 メイド
"ZUKAI MAID" by Ikegami Ryota
Text ⓒ Ikegami Ryota 2006.
Illustrations ⓒ Fukuchi Takako 2006.
All right reserved
First published in Japan by Shinkigensha Co., LTD., Tokyo.
This Korean edition translation by arranged by Shinkigensha Co. , LTD., Tokyo
In care of Tuttle-Mori agency, Inc., Tokyo